Plano de
negócios

Central de Qualidade — FGV Management

ouvidoria@fgv.br

SÉRIE GESTÃO ESTRATÉGICA E ECONÔMICA DE NEGÓCIOS

Plano de negócios

José Arnaldo Deutscher
Guilherme Bastos
Helton Haddad Silva
Marco Antonio Cunha

Copyright © José Arnaldo Deutscher, Guilherme Bastos, Helton Haddad Silva, Marco Antonio Cunha

Direitos desta edição reservados à
EDITORA FGV
Rua Jornalista Orlando Dantas, 37
22231-010 — Rio de Janeiro, RJ — Brasil
Tels.: 0800-021-7777 — 21-3799-4427
Fax: 21-3799-4430
editora@fgv.br — pedidoseditora@fgv.br
www.fgv.br/editora

Impresso no Brasil/*Printed in Brazil*

Todos os direitos reservados. A reprodução não autorizada desta publicação, no todo ou em parte, constitui violação do copyright (Lei nº 9.610/98).

Os conceitos emitidos neste livro são de inteira responsabilidade dos autores.

1ª edição — 2012; 1ª reimpressão — 2013

Preparação de originais: Sandra Frank
Editoração eletrônica: FA Editoração Eletrônica
Revisão: Fernanda Mello | Joana Milli
Capa: aspecto:design
Ilustração de capa: André Bethlem

> Deutscher, José Arnaldo
>   Plano de negócios / José Arnaldo Deutscher...[et al.]. — Rio de Janeiro: Editora FGV, 2012.
>   156 p. — (Gestão estratégica e econômica de negócios (FGV Management))
>
>   Em colaboração com Guilherme Bastos, Helton Haddad Silva, Marco Antonio Cunha.
>   Publicações FGV Management.
>   Inclui bibliografia.
>   ISBN: 978-85-225-0990-4
>
>   1. Planejamento estratégico. 2. Gestão de negócios. 3. Negócios. I. Bastos, Guilherme. II. Silva, Helton Haddad. III. Cunha, Marco Antonio. IV. FGV Management. V. Fundação Getulio Vargas. VI. Título. VII. Série.
>
>   CDD — 658.401

Aos nossos alunos e aos nossos colegas docentes, que nos levam a pensar e repensar as nossas práticas.

Sumário

Apresentação 11

Introdução 15

1 | Rupturas no ambiente externo às empresas 17
Ruptura demográfica 18
Rupturas tecnológicas – genômica e digital 20

2 | Novas demandas da sociedade e novas oportunidades de negócios 29
Rupturas e demandas – sustentabilidade e novas oportunidades 29
Qualidade de vida e novas oportunidades de negócios 35
Mobilidade e novas oportunidades de negócios 37

3 | Questões fundamentais para a construção de um plano de negócios 43

Questões gerais – ambiente externo, ambiente interno e estratégia 43

Questões associadas ao estágio de desenvolvimento do mercado e da empresa 46

4 | Fontes de financiamento e a negociação com os investidores 55

Investidores de risco 55

Financiamentos e subvenções 61

A negociação com os investidores 62

5 | Iniciando a elaboração do plano de negócios 67

O processo de elaboração de um plano de negócios 67

Sumário executivo 68

A oportunidade 70

O mercado 72

6 | A empresa 81

O negócio 81

Visão, missão, valores, trajetória 82

Recursos – a empresa vista como um conjunto de ativos e competências 85

7 | A estratégia 95

Estratégias genéricas 95

Proposição de valor 97

Modelo de negócios 101

8 | Planejamento 109

Planejamento operacional 109

Planejamento de marketing 110

Plano financeiro 115

9 | Relato de caso: a trajetória de uma start up de base tecnológica 125

A origem da Gens: todo início é difícil 126

A web como nova ruptura tecnológica: a
busca pelo investidor 130

A decisão do RSTec e o processo do investimento 136

Conclusão 143

Referências 145

Glossário 153

Os autores 155

Apresentação

Este livro compõe as Publicações FGV Management, programa de educação continuada da Fundação Getulio Vargas (FGV).

A FGV é uma instituição de direito privado, com mais de meio século de existência, gerando conhecimento por meio da pesquisa, transmitindo informações e formando habilidades por meio da educação, prestando assistência técnica às organizações e contribuindo para um Brasil sustentável e competitivo no cenário internacional.

A estrutura acadêmica da FGV é composta por nove escolas e institutos, a saber: Escola Brasileira de Administração Pública e de Empresas (Ebape), dirigida pelo professor Flavio Carvalho de Vasconcelos; Escola de Administração de Empresas de São Paulo (Eaesp), dirigida pela professora Maria Tereza Leme Fleury; Escola de Pós-Graduação em Economia (EPGE), dirigida pelo professor Rubens Penha Cysne; Centro de Pesquisa e Documentação de História Contemporânea do Brasil (Cpdoc), dirigido pelo professor Celso Castro; Escola de Direito de São Paulo (Direito GV), dirigida pelo professor Oscar Vilhena Vieira;

Escola de Direito do Rio de Janeiro (Direito Rio), dirigida pelo professor Joaquim Falcão; Escola de Economia de São Paulo (Eesp), dirigida pelo professor Yoshiaki Nakano; Instituto Brasileiro de Economia (Ibre), dirigido pelo professor Luiz Guilherme Schymura de Oliveira; e Escola de Matemática Aplicada (EMAp) dirigida pela professora Maria Izabel Tavares Gramacho. São diversas unidades com a marca FGV, trabalhando com a mesma filosofia: gerar e disseminar o conhecimento pelo país.

Dentro de suas áreas específicas de conhecimento, cada escola é responsável pela criação e elaboração dos cursos oferecidos pelo Instituto de Desenvolvimento Educacional (IDE), criado em 2003, com o objetivo de coordenar e gerenciar uma rede de distribuição única para os produtos e serviços educacionais produzidos pela FGV, por meio de suas escolas. Dirigido pelo professor Clovis de Faro e contando com a direção acadêmica do professor Carlos Osmar Bertero, o IDE engloba o programa FGV Management e sua rede conveniada, distribuída em todo o país (ver www.fgv.br/fgvmanagement), o programa de ensino a distância FGV Online (ver www.fgv.br/fgvonline), a Central de Qualidade e Inteligência de Negócios e o Programa de Cursos In Company. Por meio de seus programas, o IDE desenvolve soluções em educação presencial e a distância e em treinamento corporativo customizado, prestando apoio efetivo à rede FGV, de acordo com os padrões de excelência da FGV.

Este livro representa mais um esforço da FGV em socializar seu aprendizado e suas conquistas. Ele é escrito por professores do FGV Management, profissionais de reconhecida competência acadêmica e prática, o que torna possível atender às demandas do mercado, tendo como suporte sólida fundamentação teórica.

A FGV espera, com mais essa iniciativa, oferecer a estudantes, gestores, técnicos e a todos aqueles que têm internalizado o conceito de educação continuada, tão relevante na era do conhecimento na qual se vive, insumos que, agregados às suas práticas, possam contribuir para sua especialização, atualização e aperfeiçoamento.

Clovis de Faro
Diretor do Instituto de Desenvolvimento Educacional

Ricardo Spinelli de Carvalho
Diretor Executivo do FGV Management

Sylvia Constant Vergara
Coordenadora das Publicações FGV Management

.

Introdução

O plano de negócios é um documento de comunicação entre o público interno e os possíveis públicos externos interessados em investir ou colaborar com a empresa, sendo um elemento fundamental no alinhamento de sua visão e de suas estratégias. Normalmente, um plano de negócios trata da comercialização de uma inovação. Discute a oportunidade, o mercado, as competências da empresa ou dos empreendedores de se apropriarem da oportunidade, a estratégia, bem como estabelece os planejamentos. Responde às seguintes questões: (a) existe uma oportunidade? (b) esta oportunidade é para mim? (c) que ativos e competências devo reunir e articular para montar uma proposta competitiva? (d) qual a estratégia vencedora? (e) de que volume de recursos necessito? (f) e, finalmente e talvez o mais importante — qual é a equipe?

Este livro é apresentado em oito capítulos.

O capítulo 1 trata da natureza das rupturas recentes. Como ruptura entende-se uma descontinuidade no ambiente externo, que pode ser de natureza tecnológica, demográfica ou econômica, entre outras.

O capítulo 2 analisa as novas demandas da sociedade, na visão dos autores, especialmente aquelas que surgem a partir das rupturas no ambiente externo à empresa. Mudanças no ambiente interno podem ser consideradas apenas se derem acesso a novos mercados ainda não explorados.

O capítulo 3 discute as questões associadas ao ciclo de desenvolvimento dos negócios, enfatizando o fato de que as prioridades do plano mudam em função do tamanho da empresa e do grau de maturidade do mercado.

O capítulo 4 é dedicado à análise das fontes de financiamento, especialmente os investidores de risco. Mostra os diferentes tipos de investidores, analisando o seu perfil, como eles pensam e negociam.

No capítulo 5, tem início a construção do plano. Além do sumário executivo, comum a todas as partes, são apresentadas as discussões sobre a identificação de oportunidades e sobre a análise de mercado.

No capítulo 6 discute-se a empresa, sua visão, sua missão e seus valores, e é apresentada a abordagem de Valor Baseado em Recursos (VBR), iluminando a questão dos ativos intangíveis.

No capítulo 7 é analisada a estratégia competitiva, em que destacamos dois pontos importantes: a proposição de valor e o modelo de negócios.

No capítulo 8 são estabelecidos os planos de ação, de marketing e financeiro.

Finalmente, no capítulo 9 é apresentado o caso da Gens, uma empresa brasileira de tecnologia da informação que percorreu todo o ciclo do investimento – desde a entrada do investidor de risco até a sua venda para o investidor estratégico. O relato ilustra a aderência entre o que foi discutido nos capítulos anteriores e as práticas de mercado.

1

Rupturas no ambiente externo às empresas

Este capítulo apresenta a ruptura demográfica e as rupturas tecnológicas ocorridas no ambiente externo às empresas para, a seguir, discutir as novas demandas da sociedade daí decorrentes. Essas rupturas abrem espaço para o surgimento de uma nova geração de empresas inovadoras em fase inicial, que chamamos de *start ups*.

A ruptura demográfica, de natureza incremental cumulativa, é o resultado do crescimento das populações. As rupturas tecnológicas costumam ser de natureza radical. Examinaremos as duas rupturas mais perceptíveis neste caso: a genômica e a digital.

Veja-se, por exemplo, o caso das lojas de CDs diante da venda de faixas musicais pelo iTunes, da Apple. Os detentores de grandes fatias de mercado, chamados de *incumbents* do paradigma tecnológico anterior, tiveram seu valor destruído, ao passo que a Apple multiplicou o dela. Quando a ruptura é resultado de um processo cumulativo, como a demográfica, esses *incumbents* têm tempo para proteger seus ativos e competências e conseguem, na maior parte das vezes, liderar a revolução.

Ruptura demográfica

Com os avanços da genômica e da biomedicina, associados às políticas de saneamento básico e outras políticas públicas, aumenta a expectativa de vida das populações, e isso representa uma ameaça aos planos de previdência e de saúde, que não haviam incluído em seus cálculos atuariais essa mudança. Por outro lado, isso traz oportunidades para indústrias associadas ao lazer e à sustentabilidade do planeta.

A evolução explosiva da população mundial está explicitada na tabela 1:

Tabela 1
EVOLUÇÃO DA POPULAÇÃO MUNDIAL

População mundial (bilhões de habitantes)	Ano	Intervalo (anos)
1	1802	–
2	1928	126
3	1961	33
4	1974	13
5	1987	12
6	1999	12
7	2010	11

Fonte: Banco Mundial em <www.world.bank.org>. Acesso em: 12 mar. 2011.

Como se verifica na tabela 1, levou séculos para que a população mundial chegasse ao seu primeiro bilhão de habitantes. Deste ponto, 126 anos para chegar aos 2 bilhões, e 33 anos para passar de 2 a 3 bilhões. A partir daí, a população mundial passou a crescer em 1 bilhão em intervalos de tempo cada vez menores – cerca de 11 anos por bilhão de habitantes.

No Brasil, a expectativa de vida passou de 70 anos em 1999 para 73 anos em 2009, segundo o documento Projeção da População do Brasil por Sexo e Idade para o período 1980-2050 (IBGE, 2004:60).

Em 1940, a vida média do brasileiro mal atingia os 50 anos de idade. O efeito combinado da redução dos níveis da fecundidade e da mortalidade no Brasil resultou na transformação da pirâmide etária da população, sobretudo a partir de meados dos anos 1980. O formato tipicamente triangular, com uma base alargada, está cedendo lugar a uma pirâmide populacional característica de uma população em franco processo de envelhecimento.

A figura 1, a seguir, mostra a projeção do perfil demográfico brasileiro entre os períodos de 2010 e 2050:

Figura 1
PROJEÇÃO DEMOGRÁFICA BRASIL – PERFIL ETÁRIO ENTRE PERÍODOS

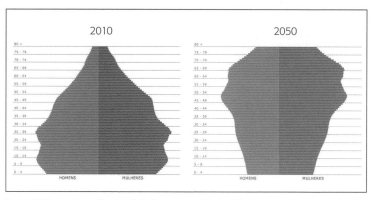

Fonte: IBGE em <www.ibge.gov.br>. Acesso em: 22 abr. 2011.

Essa ruptura demográfica, na visão dos autores deste livro, poderá ameaçar a qualidade de vida, o que poderá levar à existência de uma forte demanda pela sustentabilidade do planeta e pela qualidade de vida da população.

Rupturas tecnológicas – genômica e digital

Consideramos que as rupturas genômica e digital sejam as rupturas tecnológicas de maior impacto destas duas últimas décadas, o que não exclui a existência de outras, de menor impacto, como a nanotecnologia, por exemplo.

Ruptura genômica

A ruptura genômica, que alimenta a ruptura demográfica, é baseada em novas tecnologias cujas aplicações estão voltadas aos mercados de saúde humana e de produção animal e agrícola.

Na saúde humana e produção animal, essa ruptura está trazendo impactos sobre todas as empresas da indústria farmacêutica, obrigando-as a se reposicionarem no mercado. Grandes laboratórios farmacêuticos já perceberam que a medicina do futuro próximo passará pela genômica. Diante disso, estão se movimentando e adquirindo as empresas que atuam nessa área. Em seu Relatório Anual de 2010, a farmacêutica Roche adquiriu, em março daquele ano, 44% das ações da empresa de biotecnologia Genentech, de saúde humana, pelo valor de US$ 46 bilhões. Esse valor se justifica pela aquisição do controle das receitas financeiras relacionadas aos medicamentos Avastin e Herceptina, voltados ao tratamento do câncer, bem como pela chance de a Roche absorver um portfólio de novas drogas.

A Genentech encerrou o ano de 2008 com um faturamento de US$ 13,4 bilhões e um EBITDA (*earnings before interests, taxes, depreciation and amortization*, ou, em português, lucro antes de despesas financeiras, imposto de renda, depreciação e amortização) de US$ 5,4 bilhões. Assim, a Roche pagou um valor de 19,5 vezes o EBITDA, total bem acima dos padrões de mercado, que somente se justifica pelo aspecto estratégico da aquisição para o comprador.

Já na biotecnologia aplicada à produção agrícola, o impacto se dá sobre a ineficiente indústria tradicional, não intensiva em uso de tecnologia. Recentemente, no Brasil, a Monsanto adquiriu, segundo diversos órgãos da imprensa, dentre eles o Boletim de Inovação da Unicamp, por US$ 290 milhões duas empresas *start ups*, a CanaViallis e a Allelyx. Com essas aquisições a Monsanto incorporou a cana-de-açúcar a seu portfólio de produtos que, até então, era composto basicamente por milho, soja e algodão. A indisponibilidade de dados não nos permite calcular a relação entre o preço e o EBITDA, mas intuímos que, por se tratar de duas *start ups* recentemente constituídas, ainda estivessem operando no *vermelho*.

O impacto dessas rupturas pode ser também observado pelo interesse dos fundos de investimentos, especialmente aqueles que investem nos estágios iniciais das empresas. São os chamados Fundos de Capital Semente, ou *seed money*, e Fundos de Crescimento Inicial, ou *early stage*.

No Brasil, o Banco Nacional de Desenvolvimento Econômico e Social (BNDES) e o Banco do Nordeste criaram, em 2007, o Fundo Criatec (www.fundocriatec.com.br), com o aporte de R$ 100 milhões, para investir em empresas de base tecnológica em seus estágios iniciais que, segundo a definição desses quotistas, deveriam ter um faturamento de até R$ 6 milhões no ano anterior ao investimento. Pelo regulamento, o Criatec deve investir nas áreas de biotecnologia, software, equipamentos médicos, novos materiais, nanotecnologia e tecnologias limpas. Na indústria de biotecnologia, até março de 2011, o Criatec já havia investido em empresas como a Rizoflora, BUG e BR Trade, todas empresas *start ups* da área de biodefensivos agrícolas; na InVitro Cells e BioCancer, da área de pesquisas clínicas para humanos; e na

EDETEC e Biologicus, empresas de alimentação funcional. A maior parte dessas empresas são *spin offs*, ou seja, originaram-se de centros de pesquisa universitários e têm como empreendedor, geralmente, um pesquisador.

Nos Estados Unidos, segundo a *National Venture Capital Association* (NVCA), a distribuição dos investimentos nos períodos 2009 e 2010 foi a seguinte:

Tabela 2

INVESTIMENTO POR INDÚSTRIA NOS PERÍODOS 2009 E 2010 ESTADOS UNIDOS

Indústria	US$ 1.000.000		%	%	Ruptura
	2009	2010	2009	2010	
Software	3.288	3.964	18%	19%	Digital
Biotecnologia	3.566	3.686	20%	17%	Genômica
Energia (inclui a *cleantech*)	2.418	3.358	13%	16%	Demográfica[1]
Equipamentos médicos	2.540	2.316	14%	11%	Digital
Serviços de TI	1.160	1.558	6%	7%	Digital
Semicondutores	792	952	4%	4%	Digital
Telecomunicações	518	919	3%	4%	Digital
Redes	807	666	4%	3%	Digital
Outros	3.187	3.864	17%	18%	
TOTAL	18.276	21.283	100%	100%	

Fonte: NVCA em <www.pwcmoneytree.com>. Acesso em: 05 mar. 2011.
[1] A maior parte dos investimentos foi feita em eólica, solar e bioenergia, áreas que contribuem para a sustentabilidade do planeta.

Observe que o setor de biotecnologia recebeu cerca de 19% do total investido pela indústria de *venture capital* norte-americana nesses períodos. Do total dos US$ 21,2 bilhões de 2010, cerca de 8% foi aportado em empresas no estágio *start up* e *seed*, o que é um indicador da intensidade do lançamento de novos produtos ou serviços.

Ruptura digital

A ruptura digital, iniciada na década de 1990, está causando visíveis impactos que têm resultado na descontinuidade de produtos tradicionais e em novos modelos de negócios (e na desconstrução de antigos) e das cadeias de valor tradicionais.

Como exemplo de descontinuidade, temos a indústria fotográfica e de reprodução, em que a tecnologia anterior vem sendo substituída pela digital, com a eliminação quase completa da venda de filmes e de sua revelação. A câmera fotográfica migrou para outros meios físicos, inclusive para o telefone celular, e o antigo álbum de fotografias agora é totalmente digital, abalando, por exemplo, a Kodak e a Canon. No caso da Xerox, empresa especializada em copiadoras, a digitalização e o arquivamento de documentos, bem como o uso de scanner, indicam uma tendência de redução, nas empresas, da necessidade de cópias impressas em papel. No Brasil, por exemplo, observa-se, desde 2011, que a Receita Federal eliminou a entrega da Declaração do Imposto de Renda em papel.

Para ilustrar o que dissemos até agora, vejam-se, a seguir, as tabelas 3, 4 e 5, com os resultados recentes da Kodak, da Canon e da Xerox, empresas que, segundo os autores, demoraram a reagir à ruptura digital. Seria isso uma mera coincidência ou trata-se de um indicador de que algo vem ocorrendo?

Tabela 3
RESULTADOS KODAK – VALORES EM US$ MILHÕES

	2010	2009	2008	2007
(a) Receita total	8.091	8.101	9.416	10.301
(b) Lucro líquido	-675	-227	-727	-205

Fonte: Elaborada com base em informações do site da empresa.

(a) Receita total – observe que, no período de 2007 a 2010, a receita recuou cerca de 22%.

(b) Lucro líquido – aumento do prejuízo em cerca de 200% no mesmo período.

Tabela 4
RESULTADOS CANON – VALORES EM US$ MILHÕES

	2010	2009	2008	2007
(a) Receita total	45.705	34.472	45.445	38.884
(b) Lucro líquido	3.041	1.414	3.431	4.346

Fonte: Elaborada com base em informações do site da empresa.

(a) Receita total – observe que, no período de 2007 a 2010, a receita da Canon aumentou em 17%.

(b) Lucro líquido – no mesmo período o lucro caiu 30%.

Tabela 5
RESULTADOS XEROX – VALORES EM US$ MILHÕES

	2010	2009	2008	2007
(a) Receita total	21.633	15.179	17.608	17.228
(b) Lucro líquido	606	485	230	1.135

Fonte: Elaborada com base em informações do site da empresa.

(a) Receita Total – no período de 2007 a 2010, a receita da Xerox cresceu 25% após ter experimentado um forte recuo no período de 2007 a 2009.

(b) Lucro Líquido – no mesmo período caiu 46%.

É importante que você, leitor, interprete os resultados dessas três empresas à luz dos argumentos deste capítulo.

O mesmo fenômeno mostrado nas três empresas do setor de imagem analisadas está acontecendo com a indústria fonográfica e com a indústria editorial. Conforme publicado no jornal *O Globo* de 11 de dezembro de 2010:

> Triste adeus
>
> O fim da Modern Sound
>
> Templo da música carioca, a tradicional Modern Sound vai fechar as portas no dia 30 de janeiro de 2011. A casa, que fez história na música nacional, abriu as portas há 44 anos, em Copacabana, no Rio, e resistiu a várias fases da indústria fonográfica.

Como explicar esse fato? Uma hipótese seria a possibilidade de estar havendo uma crise de gestão, mas, muito provavelmente, a melhor explicação está na ruptura tecnológica e na consequente mudança na forma de acessar o conteúdo digital. Se fosse apenas um problema interno, possivelmente haveria um comprador interessado no negócio, o que não ocorreu. Veja o que disse Pedro Otávio, filho do fundador da Modern Sound, Pedro Passos, em entrevista publicada no site da Secretária de Cultura do Estado do Rio de Janeiro a respeito do fechamento da Modern Sound: "Há dez anos, eram cerca de 40 lojas de discos em Copacabana. Ultimamente só restava a gente. Há cinco anos percebemos uma estagnação e, nos últimos três anos, só perdemos dinheiro" (Brasil, 2010, n. p.).

No caso da música, temos a entrada de novos atores, como a Apple, com o iTunes para download de faixas musicais, o quem tem tornado desnecessário comprar o CD completo.

Na indústria editorial, com o surgimento do livro digital, temos também a entrada de novos *players*, como a Amazon, a Apple, a Sony e o Google, entre outros. Observe-se a notícia publicada no jornal *O Globo* de 20 de dezembro de 2010:

> Vendas de e-book para Kindle superam as de livros de capa dura.

Nos últimos três meses, 143 livros Kindle foram vendidos para cada 100 de capa dura, mas quando esse tempo é reduzido para um mês, é de 180 livros Kindle para cada 100 de capa dura. As vendas totais de e-books triplicaram entre o primeiro semestre de 2009 e o primeiro semestre de 2010.

Sob essa ameaça, os editores estão se organizando para evitar que ocorra na indústria editorial o que já aconteceu com a indústria fonográfica.

Na Espanha, temos uma primeira reação representada pela constituição da Libranda, empresa que reunia, em dezembro de 2010, 97 editoras e 23 livrarias online. No Brasil, temos a constituição da Distribuidora de Livros Digitais. Vejamos uma notícia do jornal *O Estado de S. Paulo*, em 2 de junho de 2010:

> SÃO PAULO – A expectativa da revolução editorial trazida pelos livros digitais fez um grupo de seis editoras se movimentar para entrar de vez nesse mercado. Objetiva, Record, Sextante, Intrínseca, Rocco e Planeta criaram em parceria uma empresa de distribuição de e-books. A empresa não vai vender para o consumidor final. Os e-books serão comercializados inicialmente para livrarias que têm loja fixa, como Cultura e Saraiva, e, depois, vendidos para as virtuais, como Gato Sabido, Amazon e Apple.

Ou seja, novas tecnologias estão destruindo valor nas empresas *incumbents* que não se movimentaram e abrindo espaço para *start ups* e novos entrantes.

Neste capítulo, examinamos as principais rupturas recentes, a saber, a demográfica e as tecnológicas. Em relação à primeira, vimos que nos últimos 40 anos a população do planeta passou de 3,5 bilhões de habitantes para 7 bilhões. Alimentando a ruptura demográfica, surge, a partir dos anos 1970, a ruptura genômica, que vem contribuindo para o aumento da expectativa de vida das populações e se contrapondo a algumas políticas públicas de controle da natalidade.

No capítulo 2, vamos examinar a ruptura digital, que vem descontinuando uma série de indústrias tradicionais, as *incumbents*, e fazendo com que novas *start ups* ou novos entrantes assumam um papel relevante nessa nova economia, que alguns chamam de economia do conhecimento ou economia digital. O capítulo mostra que essas rupturas geram novos tipos de demandas e acrescentam possibilidades de soluções. É sobre isto que vamos falar a partir de agora.

2

Novas demandas da sociedade e novas oportunidades de negócios

Neste capítulo discutiremos as novas demandas da sociedade que são derivadas das rupturas demográfica, genômica e digital. Não esqueça, leitor, que demandas geram oportunidades que podem ser transformadas em negócios.

Nossa premissa é a de que as demandas não surgem por acaso; elas se originam de algum fato externo à empresa. Assim, não é espontâneo o surgimento do clamor pela sustentabilidade do planeta, daí derivando as oportunidades para investimentos em indústrias voltadas à geração de tecnologias limpas, as *cleantech*, ou, como dizem outros autores, tecnologias verdes, as *greentech*. Tampouco não consideramos obra do acaso a demanda por equipamentos móveis que nos permitem reduzir substantivamente os deslocamentos pelo já congestionado trânsito das cidades.

Rupturas e demandas – sustentabilidade e novas oportunidades

Consideramos que as demandas por sustentabilidade do planeta, qualidade de vida e mobilidade são resultados das rupturas demográfica, genômica e digital, conforme ilustra a figura 2, a seguir:

Figura 2
RUPTURAS E DEMANDAS

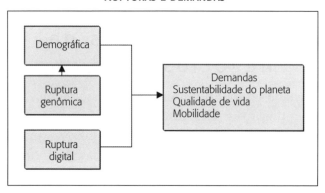

Iniciamos nossa análise pela demanda por sustentabilidade, a partir da qual surgem oportunidades de negócios pela utilização de recursos renováveis em todas a áreas, especialmente água e energia. O fenomeno é mundial, e no capítulo 1 mostramos os investimentos da indústria de capital de risco norte-americano no setor de tecnologias limpas.

O Brasil acompanha esse movimento e já tem algumas iniciativas em andamento. Para citar apenas algumas, no Instituto Alberto Luiz Coimbra de Pós-graduação e Pesquisa de Engenharia da Universidade Federal do Rio de Janeiro (Coppe/UFRJ), temos o laboratório de energias de ondas e marés, que prevê a construção de uma usina-piloto a ser implantada no Porto de Pecém, a 60 km de Fortaleza, em parceria com o governo do Ceará. Também no estado do Rio de Janeiro, o governo vem fazendo a sua parte. A Companhia Estadual de Águas e Esgotos (Cedae) inaugurou recentemente a estação de tratamento de esgoto de Alegria, que elimina o lançamento *in natura* dos efluentes na baía de Guanabara e nos rios e canais urbanos.

O Criatec já realizou investimentos nas empresas *start ups* Enalta e Arvus, que atuam no setor de agricultura de precisão e têm como objetivo o uso mais eficiente de recursos, água entre eles, nas plantações. Investiu também em empresas de biotecnologia que eliminam a necessidade da utilização de defensivos agressivos ao meio ambiente.

Investimentos em tecnologias limpas, as cleantechs

Segundo a National Venture Capital Association (NVCA), nos três primeiros trimestres de 2011 os investidores norte-americanos aportaram cerca de US$ 3,1 bilhões, aproximadamente 14% do investimento total, na categoria *cleantech*, sendo a maior parte nos *follow-on* (investimentos posteriores ao primeiro aporte nas empresas investidas), conforme mostra a figura 3:

Figura 3
INVESTIMENTOS DO VENTURE CAPITAL EM TECNOLOGIAS LIMPAS NO MERCADO NORTE-AMERICANO

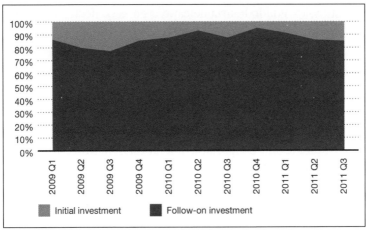

Fonte: NVCA. Disponível em: <www.pwc.se/sv_SE/se/teknologi/assets/moneytree-moving-ahead.pdf>. Acesso em: 28 maio. 2012.

O interesse dos investidores em tecnologias limpas também pode ser verificado na figura 4, que mostra o crescimento dos investimentos em *cleantech* comparado aos investimentos totais no período de 2009 a 2011:

Figura 4
CRESCIMENTO COMPARATIVO DO FINANCIAMENTO
ÀS TECNOLOGIAS LIMPAS

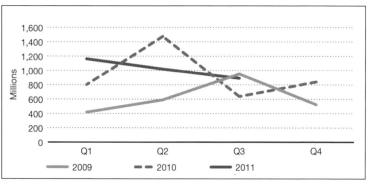

Fonte: NVCA. Disponível em: em <www.pwc.se/sv_SE/se/teknologi/assets/moneytree-moving-ahead.pdf>. Acesso em: 28 mai. 2012.

Ainda segundo a mesma fonte, os investimentos em *cleantech* se dividem em vários segmentos, conforme ilustra a figura 5. Nesta figura, destacamos: (a) energia solar (*solar energy*), (b) *smart grid* e (c) armazenamento de energia (estes dois últimos compreendidos em *smart grid & energy*).

(a) Energia solar – Países como o Brasil, com um grau de insolação muito elevado, ignoram a energia solar (termo e eletrossolar) em sua matriz energética. Como energia elétrica ainda não é algo estocável e o grande vilão dos picos de consumo são os chuveiros elétricos, o uso de energia solar no aquecimento de água para o banho já traria uma grande economia.

(b) *Smart Grid* – Segundo o Centro de Informação de Eficiência Energética (PROCEL INFO) do Ministério de Minas e Energia:

Figura 5
INVESTIMENTO EM TECNOLOGIAS LIMPAS POR SEGMENTO

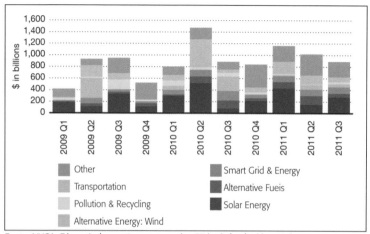

Fonte: NVCA. Disponível em: <www.pwc.se/sv_SE/se/teknologi/assets/moneytree-moving-ahead.pdf>. Acesso em: 28 mai. 2012.

O *Smart Grid* é um conjunto de tecnologias inteligentes que permite o gerenciamento do consumo da energia. O inovador é que esse controle pode ser feito pelo cliente, por meio de um computador conectado à internet. Uma das plataformas que muitas empresas têm implantado realiza o controle de gerenciamento da energia de dentro das residências dos clientes. Assim, é possível monitorar cada tomada da casa e os equipamentos que estão ligados nelas, sabendo, assim, qual é o consumo, por exemplo, da máquina de lavar e do chuveiro elétrico [Medeiros, 2010, n. p.].

Segundo o Centro de Pesquisa e Desenvolvimento em Telecomunicações (CPqD):

> O conceito *Smart Grid* ou Rede Inteligente busca incorporar tecnologias de sensoriamento, monitoramento, tecnologia da informação e telecomunicações para o melhor desempenho da rede, identificando antecipadamente suas falhas e capacitando-a a se autorrecompor diante de ocorrências que afetem sua performance.

A implantação de uma rede inteligente no Brasil demorará algum tempo em razão do grande número de medidores analógicos ainda instalados, uma vez que a nova rede demanda uma infraestrutura digital. Ao permitir uma comunicação entre o cliente e o fornecedor, ela cria uma comunicação de mão dupla para controlar o consumo de equipamentos elétricos nas residências, o que poderá reduzir o consumo.

(c) Armazenamento de energia – Refere-se às baterias. Sua utilização pode ser residencial, solar ou eólica, e até em veículos.

Como ilustração do que vimos dizendo até aqui, lembramos que, no segmento veículos, Gordon Murray foi o responsável por projetos muito bem-sucedidos na Fórmula 1, como o F1 da McLaren e o Mercedes-Benz SLR McLaren. Em 2007, ele fundou a Gordon Murray Design, que recebeu aportes da Mohr, Davidow, Ventures (MDV), empresa especializada em investimentos em estágios iniciais, e criou uma nova tecnologia de construção de veículos urbanos, o iStream. Desenvolveu o T.27, um carro urbano totalmente elétrico, somente viável tecnologicamente a partir do armazenamento de energia em baterias. A figura 6 ilustra o modelo do T.27:

Figura 6
O MODELO T 27

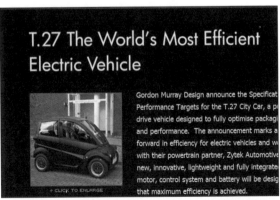

Fonte: <www.gordonmurraydesign.com>. Acesso em 16 jan. 2011

Sustentabilidade e design

A importância do design nos projetos voltados à sustentabilidade e à qualidade de vida pode ser capturada no depoimento a seguir, extraído de uma entrevista realizada pelos autores com o designer carioca Luis Augusto (Guto) Índio da Costa, em fevereiro de 2011.

> O bom design deve ser sempre inovador do ponto de vista funcional, melhorando de alguma forma a qualidade de vida das pessoas. Deve ainda ser fabricado da forma mais simples possível, racionalizando a montagem, o uso de energia ou de materiais, além de ter um compromisso com o respeito ao meio ambiente. Tudo isso sem comprometer um alto valor estético. Sucesso de vendas é apenas uma consequência.

Essa declaração nos mostra a importância do design, entendido em seu sentido mais amplo, olhando para a questão da sustentabilidade ambiental e para a qualidade de vida, e não apenas para a funcionalidade ou estética.

Qualidade de vida e novas oportunidades de negócios

O aumento da população está associado a uma demanda por qualidade de vida. A sociedade começa a prestar atenção ao Índice de Desenvolvimento Humano (IDH), medida comparativa usada para classificar os países como desenvolvidos, em desenvolvimento e subdesenvolvidos. O índice é composto a partir de dados de expectativa de vida ao nascer, educação e índice de renda per capita, recolhidos em nível nacional. É calculado usando-se a seguinte fórmula:

$$IDH = \sqrt[3]{LEI \times EI \times IR}$$

A saber:

- ❑ LEI – Índice de expectativa de vida ao nascer;
- ❑ EI – Índice de anos médios de estudo;
- ❑ IR – Índice de renda per capita.

O aumento da expectativa de vida potencializa o crescimento da população e a mudança de seu perfil etário. Amplia a participação da camada mais velha da população, trazendo como consequência oportunidades nas áreas de gestão da saúde, moradia, acessibilidade, entretenimento e lazer. Na área de saúde, presenciamos movimentos de consolidação setorial, sendo o Diagnóstico das Américas (DASA), o Fleury e a AMIL apenas alguns exemplos de empresas que abriram seu capital na Bolsa de Valores de São Paulo (Bovespa). No fundo Criatec, dos 24 investimentos efetuados até março de 2011, seis são voltados para a área de saúde humana.

Em relação aos anos médios de estudo, as oportunidades estão sendo claramente aproveitadas pelo mercado com os investidores buscando empreendimentos na área de educação. No Brasil, na área de graduação, temos o exemplo do Grupo Anhanguera, investido pelo Banco Pátria, além de outros crescimentos significativos, especialmente no ensino continuado, como a Fundação Getulio Vargas (FGV).

Sobre a renda per capita, consideramos que seja o resultado de um conjunto de políticas públicas voltadas ao crescimento da renda e sua melhor distribuição. No Brasil, nos anos recentes, assistimos a um expressivo crescimento da inclusão social, com um forte impacto sobre o crescimento da renda e, consequentemente, do valor da renda per capita. Esse fato traz como consequência inúmeras oportunidades de negócios, especialmente aquelas voltadas à população de baixa renda que migrou para média renda. Lembramos aqui o programa Minha Casa, Minha Vida, do Ministério das Cidades, gerador de inúmeras oportunidades de investimentos diretos ou indiretos.

Mobilidade e novas oportunidades de negócios

Paralelamente ao crescimento das populações e sua concentração nas cidades, as novas tecnologias vêm estimulando o lançamento de produtos e serviços que possibilitam aos usuários um uso mais eficiente de seu tempo, evitando deslocamentos desnecessários.

As formas de comunicação digital penetram em todas as atividades. Apenas para exemplificar, lembramos o ensino online, a telemedicina, o trabalho em casa, ou *home office*, as compras online, o *internet bank*, além das redes sociais. Os escritórios fixos se deslocam para os equipamentos móveis e surgem as cidades digitais. Sob a ótica dos investidores, vejamos o que ocorreu com três empresas ícones da era digital:

(a) Microsoft – representa a plataforma computacional universal que vem sendo utilizada, inclusive pela Apple, sua maior concorrente,

(b) Google – está no centro da denominada computação em nuvem, a *cloud computing*, que permite o processamento e armazenamento de arquivos em uma plataforma externa ao equipamento, possibilitando que ele diminua de tamanho;

(c) Apple – esteve à beira da falência no final dos anos 1990 e vem experimentando agora um grande crescimento, graças ao lançamento de uma geração de equipamentos móveis como iPod, iPhone e iPad. A tabela 6, a seguir, apresenta a evolução da receita e dos resultados dessas empresas:

Tabela 6
MICROSOFT, GOOGLE E APPLE EM US$ 1.000

Microsoft	2010	2009	2008	2007
Receita total	62.484	58.437	60.420	
Lucro líquido	18.760	14.569	17.681	

Google	2010	2009	2008	2007
Receita total	27.554	23.650	21.796	16.594
Lucro líquido	7.956	6.520	4.226	4.203

Apple	2010	2009	2008	
Receita total	65.225	42.905	32.479	
Lucro líquido	14.013	8.235	4.834	

Fonte: Elaborada com base em informações dos sites das empresas.

(a) Receita Total – enquanto a Microsoft cresceu 3,41% entre 2008 e 2010, a Google cresceu 26% e a Apple, 101% no mesmo período;

(b) Lucro Líquido – enquanto o resultado da Microsoft cresceu 6%, o da Google cresceu 88% e o da Apple, 189%.

No capítulo 1 mostramos a perda de valor de três grandes empresas, Kodak, Xerox e Canon, que demoraram a reagir à chamada era digital. No presente capítulo, mostramos a Microsoft, que ficou estacionada, e a Apple e a Google, que lideraram a revolução e se apropriaram de seus resultados. Provavelmente, não são as únicas que surfaram esta onda, porém, em nossa percepção, são as mais importantes. Poderíamos ainda ter incluído nesta análise a Amazon, cujo faturamento passou de US$ 19 bilhões para US$ 34 bilhões no mesmo período, porém, estamos mais interessados nas plataformas do que em suas aplicações.

Vale salientar que a "explosão" da Apple ocorreu a partir do momento em que ela abriu a plataforma computacional, passando a rodar seus aplicativos na base Mac e na base Microsoft. Caro leitor, lembre-se disto no momento em que você estiver lendo, no capítulo 6, o item modelo de negócios.

Segundo o Gartner Group, computação em nuvem, a *cloud computing*, é uma revolução tão importante nos negócios como foi o *e-business*. De uma maneira simplificada, o *cloud computing* desloca as atividades de armazenamento e processamento residentes em uma máquina para uma nuvem externa ao seu equipamento. Os dados armazenados podem ser acessados de qualquer lugar do mundo, a qualquer hora. O acesso aos programas, serviços e arquivos é remoto, utilizando-se a internet. A computação em nuvem permite uma utilização mais eficiente dos equipamentos móveis, ao mesmo tempo que diminui o custo total de propriedade de software e hardware. Representa uma excelente oportunidade de negócios para empresas iniciantes, pois agora elas podem se concentrar na prestação de seu serviço, eliminando grande parte do investimento. Dentro do *cloud computing* temos os seguintes serviços:

❏ *Infrastructure as a Service* ou Infraestrutura como Serviço (IaaS) – quando se tem o uso compartilhado de um servidor geralmente instalado em um *data center*.
❏ *Plataform as a Service* ou Plataforma como Serviço (PaaS) – utiliza apenas uma plataforma como um banco de dados. No Brasil, temos a Valuenet, empresa de software do segmento de gerenciamento de relacionamento com os clientes (customer relationship management – CRM), que opera em uma plataforma norte-americana de CRM, a Salesforce, que é um PaaS.
❏ *Development as a Service* ou Desenvolvimento como Serviço (DaaS) – compartilhamento de ferramentas de desenvolvi-

mento de software, eliminando vultosos investimentos para os desenvolvedores.

❑ *Software as a Service* ou Software como Serviço (SaaS) – uso de um software em regime de utilização web em que o cliente paga por ela sem a necessidade de aquisição de licenças. Segundo a observação dos autores, repete o modelo das operadoras de telefonia, em que o cliente paga conforme a utilização, sem necessidade de investimento fixo. Um exemplo, no Brasil, é fornecido pelo Criatec, a USIX, que desenvolveu um aplicativo para corretores de seguros que lhes permite administrar seus pontos de venda, efetuar cálculos, emitir propostas e transferir os dados das propostas para a seguradora a partir de um equipamento móvel.

❑ *Communication as a Service* ou Comunicação como Serviço (CaaS) – uso de uma solução de comunicação unificada, hospedada em *data center* do provedor ou fabricante. A empresa cliente não tem necessidade de comprar os hardwares e os softwares para a implantação de um serviço.

Desenvolvimento de aplicativos para equipamentos móveis baseados em cloud computing

Se aceitarmos que os desktops estão com seus dias contados e que o armazenamento e o processamento de dados serão adquiridos como serviços, estamos chegando finalmente ao anunciado conceito do cliente magro, ou *thin client*, a partir do qual um laptop poderá cair drasticamente de preço, de peso e de tamanho. Pense no telefone celular. As centrais de operação e as estações rádio-base ficam fora do seu equipamento. Os computadores irão copiar o mesmo modelo e diversas aplicações, que antes eram impossíveis de serem processadas em um pequeno dispositivo móvel, e agora se tornarão viáveis.

Pense, por exemplo, no seu cliente e no que ele necessita. Veja o GPS como ele é atualmente. O taxista adquire um GPS por R$ 700 e o instala em seu automóvel. Se, no meio do dia, cai um temporal que deixa a rua alagada, o sistema não o informa. Pense agora no GPS como um serviço prestado por uma *mobile virtual network operator* (MVNO), uma pequena companhia de telefonia de nicho, que adquire minutos no atacado de uma operadora maior e oferece um serviço dedicado, no caso, ao GPS. Um possível modelo de negócios é o seguinte: a empresa integradora constrói uma rede com o Climatempo, com o serviço de informações de trânsito de uma rádio, com uma MVNO e com um fabricante de equipamentos de GPS (ou não, uma vez que esse serviço poderá migrar para o iPhone) e passa a prover o serviço de informação, cobrando uma assinatura mensal.

Neste capítulo, discutimos novas demandas derivadas das rupturas genômica e digital: a demanda por sustentabilidade, por qualidade de vida e por mobilidade. Na demanda por sustentabilidade, examinamos o posicionamento dos investidores em relação às tecnologias limpas, as *cleantech*. Vimos que esse segmento engloba as áreas de reciclagem, energias alternativas, biocombustíveis e um novo conceito de redes inteligentes, as *smart grid*. Na demanda por qualidade de vida, que alguns autores preferem abordar ao lado da questão da sustentabilidade e que, intencionalmente, tratamos em separado, analisamos o Índice de Desenvolvimento Humano (IDH) e seus componentes, a saber, expectativa de vida ao nascer, anos de estudo e renda per capita. Lembramos que à medida que o IDH aumenta, maior se torna a gravidade da questão demográfica, impondo mais urgência na questão da sustentabilidade.

Finalmente, analisamos a demanda por mobilidade e as novas oportunidades que se abrem a partir de uma geração de equipamentos móveis e do novo conceito da computação em nuvem.

No capítulo 3, apresentaremos as questões fundamentais para a construção de um plano de negócios.

3

Questões fundamentais para a construção de um plano de negócios

Elaborar um plano de negócios não é uma tarefa trivial. Envolve os principais empreendedores e gestores da empresa, que devem estar dispostos a tomar decisões, por vezes radicais. Ele é o resultado de uma intensa reflexão coletiva, envolvendo todos os empreendedores e as pessoas-chave da organização. O processo nem sempre é fácil e poderá resultar na constituição ou no fechamento de uma nova unidade de negócios, em novas contratações ou demissões de pessoas consideradas chave, em fusões e aquisições, no rompimento do atual modelo de negócios e, no limite, no fechamento da empresa.

Neste capítulo, inicialmente, veremos as questões gerais que fazem parte de qualquer análise de investimento para, em seguida, analisar as questões associadas a cada estágio de desenvolvimento do mercado e da empresa.

Questões gerais – ambiente externo, ambiente interno e estratégia

O plano de negócios deverá responder às questões relativas à capacidade da empresa de perceber e se apropriar das oportunidades resultantes das novas demandas do mercado. Deve examinar o que vem ocorrendo no ambiente externo, no seu ambiente interno e qual a estratégia a ser utilizada.

1. Ambiente externo – O que vem ocorrendo no ambiente externo e de que forma isso afetará a empresa? Quais são as rupturas, tendências e novas demandas perceptíveis?

Mostre ao investidor que você ou a sua empresa são suficientemente antenados com o que está ocorrendo no mercado. Mostre que você possui um sistema de monitoramento que lhe permite se manter informado sobre as principais mudanças ou rupturas de natureza política, regulatória, econômica, social, demográfica e tecnológica que poderão afetar o seu negócio.

2. Ambiente interno ou regime de apropriabilidade – A empresa detém os ativos tangíveis ou intangíveis e as competências para se apropriar das oportunidades?

Como regime de apropriabilidade entende-se a capacidade que a empresa tem de se apropriar de oportunidades, levando uma inovação ao mercado e criando barreiras à entrada dos concorrentes com a utilização de seus recursos; a saber, ativos e competências. Mostre aos investidores que você detém esses ativos e competências ou pode adquiri-los fazendo parcerias ou aquisições. Aqui, introduzimos uma nova abordagem estratégica conhecida como Visão Baseada em Recursos (VBR), entendendo os recursos como o conjunto de ativos tangíveis, intangíveis e competências, a saber:

❏ ativos tangíveis – são os equipamentos, prédios, estoques, entre outros;
❏ ativos intangíveis – são as marcas, processos, certificações, patentes, entre outros;
❏ competências distintivas – é o conjunto de Conhecimentos, Habilidades e Atitudes (CHA) que permitem à empresa almejar uma posição única no mercado.

Se coincidir de a mudança ou ruptura externa encontrar a empresa preparada, estaremos diante de uma oportunidade que pode ser aproveitada pela empresa. Se, no entanto, a empresa estiver despreparada, ela está diante de uma ameaça a ser mitigada. Na figura 7 vemos o cruzamento entre as oportunidades e as ameaças com a força do regime de apropriabilidade, e as ações recomendadas em cada situação:

Figura 7

REGIME DE APROPRIABILIDADE (RA) E AÇÕES RECOMENDADAS

		Oportunidades	Ameaças
Regime de apropriabilidade	Forte	Atacar	Defender
	Fraco	Defender	Abandonar

Investidores perseguem empresas com oportunidades claras em territórios onde os recursos críticos, ou seja, os ativos intangíveis para o sucesso do empreendimento, sejam de seu amplo domínio. Se você está diante de uma oportunidade e possui um regime de apropriabilidade forte, invista para o crescimento. Caso contrário, defenda seu território, reforçando o seu conjunto de ativos. Se você está diante de uma ameaça e possui um regime de apropriabilidade forte, invista para mitigar as ameaças. No caso extremo de sua empresa ser atingida por uma ruptura, longe de seu terreno de competências, melhor abandonar.

3. Estratégia – A empresa apresenta uma proposta de valor, um modelo de negócios e uma modelagem financeira de forma a ser competitiva? O produto ou serviço é escalável?

Mostre aos investidores que você tem clareza em relação à estratégia a ser seguida:

❑ Estabeleça uma proposta de valor única – entregue aquilo que o mercado está desejando dentro de um preço, suportado por um custo, que você consegue produzir;

❑ Estabeleça um modelo de negócios claro – alavanque seus recursos por meio de parcerias operacionais. Não tente fazer tudo sozinho. Faça apenas aquilo em que você consegue ser competitivo. Terceirize o que não for missão crítica. Investidores se interessam por negócios escaláveis, isto é, que possuam amplos mercados e possam ocupá-los velozmente.

❑ Estabeleça uma modelagem combinando os recursos dos investidores com outros recursos financeiros, de baixo custo e prazo de retorno compatível. Busque a obtenção de subsídios na Financiadora de Estudos e Projetos (Finep), nas Fundações de Amparo à Pesquisa (FAPs) e no Banco Nacional de Desenvolvimento Econômico e Social (BNDES) quando se tratar de construção de prédios ou aquisição de equipamentos. Contrate as melhores pessoas que você conseguir pagar. Combine pagamento de salários com opções de compra de ações, as *stock options*.

❑ Mostre que o produto ou serviço é escalável, isto é, pode ser produzido ou prestado em larga escala. Se for para mercados de nicho, mostre que existe demanda suficiente, no mercado doméstico ou global, que justifique o investimento. Tudo o que o investidor não deseja é investir em oficinas ou empresas de consultoria.

Questões associadas ao estágio de desenvolvimento do mercado e da empresa

Além das questões gerais, na elaboração do plano de negócios deve-se levar em consideração o estágio de desenvolvimento da empresa e do mercado, pois para cada uma destas combinações o plano deverá ter uma abordagem diferente. Para efeito de simplificação, analisaremos apenas três das nove possíveis combinações, conforme a figura 8, a seguir:

Figura 8
ESTÁGIO DE DESENVOLVIMENTO DA EMPRESA E DO MERCADO

		Estágio de desenvolvimento do mercado		
		Inicial	Crescimento	Maduro
Estágio de desenvolvimento da empresa	*Start up*			
	Inicial *(early stage)*			
	Final *(late stage)*			

Cada uma dessas situações terá suas próprias características de mercado e exigirá da empresa um conjunto distinto de ativos e competências e estratégias.

Análise do estágio de desenvolvimento do mercado

Moore (1996) apresentou a figura do ciclo de vida de adoção de novas tecnologias, conforme vemos na figura 9, a seguir:

Figura 9
CURVA DE ADOÇÃO DE UMA NOVA TECNOLOGIA

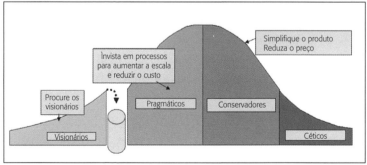

Fonte: Moore, 1996:31.

1. Fase inicial é o território dos visionários que buscam a inovação e, na maior parte das vezes, atuam como codesen-

volvedores do produto, com interesse em construir um diferencial competitivo para o seu negócio. Algumas vezes, esse cliente visionário se torna coproprietário da patente, ou exige exclusividade, ainda que por tempo limitado. Nesse caso, convém estabelecer contratos que não impeçam a empresa desenvolvedora de explorar a inovação em outros mercados. Esses contratos podem estabelecer exclusividade durante certo período de tempo ou para determinado território.
2. Pragmáticos – Observe que entre a fase inicial e a fase seguinte existe um abismo em que muitas empresas de tecnologia acabam caindo. Alguns autores o denominam Vale da Morte. Os pragmáticos só aderem ao processo quando a empresa cruza esse abismo, isto é, quando todas as questões tecnológicas estão resolvidas e o produto funciona sem maiores problemas. Em geral, querem ver o produto instalado em algum lugar, para então comprar. Nunca procure o pragmático para realizar a primeira venda. Ele sempre lhe perguntará quem já comprou o produto.
3. Conservadores – são adotantes tardios, ou *later adopters*, de novas (a essa altura já velhas) tecnologias e, em geral, conferem pouco valor a elas. Para chegar a esse consumidor torne o produto mais simples, mais rápido e mais barato, ou seja, *faster, easier and cheaper.*
4. Céticos – melhor esquecê-los, pois eles são avessos a novas tecnologias e não estão dispostos a adotá-las.

Plano de negócios e o estágio de desenvolvimento da empresa e do mercado

Seguindo a modelagem apresentada na figura 7, faremos agora as seguintes análises: empresas *start ups* em mercados iniciais, empresas em estágio inicial em mercados em crescimento e empresas em estágio final em mercados maduros.

Empresas start ups em mercados iniciais

A empresa *start up* muitas vezes não possui sequer faturamento. Seus recursos financeiros são limitados e seu diferencial competitivo reside, na maior parte das vezes, na competência dos empreendedores. Para que o negócio seja atraente para os investidores, é necessário que haja uma sinalização de uma forte criação de valor e uma clara possibilidade de saída, ou seja, venda do negócio. O plano de negócios deve mostrar com clareza onde os recursos financeiros serão investidos e qual a sua importância para atingir os objetivos. As etapas que vão desde a fase inicial até o início da fase de decolagem são apresentadas na figura 10:

Figura 10
CICLO INICIAL DE DESENVOLVIMENTO DE UM NOVO PRODUTO DE BASE TECNOLÓGICA

Os investidores desejarão saber se a empresa terá condições de sair do estágio em que se encontra e chegar ao mercado com o aporte inicial de recursos solicitado no plano.

Na visão dos autores deste livro, o plano de negócios deve mostrar que:

a) existe uma oportunidade de mercado interessante. Empreendedores tecnológicos muitas vezes desconsideram o mercado e apresentam soluções que as empresas não estão demandando;
b) existe um conhecimento proprietário passível de proteção. Mostre que a propriedade intelectual está segura e que foi

feito um processo de transferência de tecnologia adequado. Também deve ser feito um contrato de transferência de tecnologia com os Núcleos de Inovação Tecnológica (NITs) das universidades e dos centros de pesquisa. Todas essas informações serão verificadas no processo de auditoria que antecede o investimento, ou *due diligence*;

c) existe um diferencial competitivo claro e difícil de ser imitado ou substituído e que será reconhecido como importante pelos clientes, ou seja, existe um problema a ser resolvido e os clientes estão dispostos a pagar por isso. A figura 11 ilustra a questão do diferencial competitivo:

Figura 11

DIFERENCIAL COMPETITIVO E O INTERESSE DOS INVESTIDORES

		Tecnologias	
		Difíceis de copiar	Facilmente copiáveis
Importância do diferencial segundo o mercado	Alta	Interessa ao investidor	Não interessa ao investidor
	Baixa	Não interessa ao investidor	

d) o modelo de negócios permite que o negócio se torne escalável. Investidores não se interessam por negócios que não tenham capacidade de crescer e ocupar o mercado rapidamente e, portanto, sistemas proprietários não são bem vistos;

e) os fundadores possuem atitude empreendedora, isto é, estão dispostos a correr riscos, submeter-se a sacrifícios financeiros na fase inicial, e não desistirão na primeira dificuldade;

f) os empreendedores tecnológicos aceitam as regras do jogo do capital de risco. Os investidores entram na empresa para sair, não têm a menor intenção de se perpetuar nela e irão sempre buscar um comprador que multiplique o valor de seu investimento. Ao aportarem os recursos na empresa, se tornarão sócios, na maior parte das vezes minoritários. Para sua proteção, exigirão que os empreendedores assinem um acordo de acionistas.

Empresas em estágio inicial em mercados em crescimento

Os clientes agora são os pragmáticos que exigem soluções dentro de padrões de qualidade negociados. Nesse momento, o plano de negócios a ser apresentado ao investidor de risco deve contemplar a construção de outros ativos intangíveis que reforcem o regime de apropriabilidade. O plano de negócios deve enfatizar os seguintes ativos intangíveis:

a) Processos – O produto ou serviço que a empresa está vendendo no mercado consegue ser produzido em larga escala com custos competitivos. No caso de serviços, processos são fundamentais, pois é necessário "produzir" o serviço para gerar eficiência. Um exemplo são as fábricas de software montadas para prestar serviços de desenvolvimento sob encomenda. Empresas indianas, algumas com mais de 100 mil programadores como a Infosys, produzem linhas de código a baixo custo para as grandes empresas do mercado, como a Microsoft. Essas empresas, apesar do baixo preço de venda da linha de código, conseguem ser rentáveis e pagam salários razoáveis, dentro dos padrões indianos, aos programadores. Elas investiram pesadamente na construção de processos, sendo todas certificadas pelo Carnegie Mellon Institute no *Capacity Maturity Model* (CMM), nível 5.

b) Propriedade intelectual – Nesse estágio, a empresa deve formalizar os processos de gestão do conhecimento por meio da seleção do que deve ser protegido com o registro de patentes. Deve também estabelecer um claro processo de explicitação e disseminação do conhecimento para a organização. Quando se tratar de empresa de base tecnológica, é necessário documentar o conhecimento dos cientistas, transformado-o em processo. Esse é um dilema costumeiro, pois a disseminação do conhecimento aumenta a possibilidade de sua evasão, porém, por outro lado, aumenta o nível de governança da empresa por torná-la menos dependente do empreendedor tecnológico.

c) Governança – A empresa precisa passar para um estágio de maior formalização em seus processos societários, fiscais e contábeis. Empresas com baixa governança são desvalorizadas, no momento de sua venda, em razão da possibilidade de passivos contingentes. Além disso, para entrar em grandes clientes é necessário que eles se sintam seguros em relação à capacidade de entrega da empresa. Você contrataria seus projetos de missão crítica a empresas sem governança?

d) Canais de distribuição – Ocupar mercado com rapidez nessa fase inicial é fundamental. Provavelmente, estamos diante de uma janela de oportunidade que logo poderá se fechar. A velocidade de ocupação do mercado é fundamental no momento em que o paradigma tecnológico começa a ser rompido e o mercado se adensa. Veja o caso do aparelho celular. No início, Motorola e Nokia dominavam o mercado, e à medida que o mercado cresceu várias outras empresas entraram e se apropriaram de parte do crescimento não atendido pelas pioneiras. Não se esqueça: as empresas *incumbents* estão observando e logo se movimentarão para entrar no jogo.

e) Pesquisa e desenvolvimento e inovação (PD&I) – Instituir um processo de inovação é importante nessa fase, como forma de crescer, criando novas ofertas para os mesmos clientes ou, então, abrindo novos segmentos de mercado. Observe que nos referimos à inovação como um sistema e não como uma centelha que o inventor teve em uma noite de insônia.

f) Marca – A empresa, agora, vende por meio de um canal de distribuição um produto com baixo índice de customização e com preços que devem se tornar competitivos, pois, a essa altura, muito provavelmente, os concorrentes já estão chegando ou já entraram no mercado. Investir na marca é essencial para competir na fase final do mercado dos pragmáticos e entrar no mercado dos conservadores.

Empresas em estágio final em mercados maduros

São mercados mais densos, geralmente povoados pelos conservadores. Para atendê-los, os produtos devem ser mais simples e mais baratos. O celular não precisa ter câmera fotográfica nem agenda, basta ter botão de ligar e desligar e, minimamente, fazer e receber ligações. O valor a ser entregue ao cliente é fortemente atrelado à eficiência de custo e à capilaridade do canal de distribuição. Nesse momento, a batalha pelo mercado se torna sangrenta, com a entrada de concorrentes que tentarão, usando diferentes estratégias, se apropriar de fatias de mercado. A tendência dos preços e das margens é declinante. A batalha pela rentabilidade se desloca para o volume e, portanto, nesse momento, tem início um grande processo de consolidação setorial por meio de investimentos em fusões e aquisições.

O plano de negócios deve mostrar que a empresa possui o melhor conjunto de ativos tangíveis e intangíveis e, portanto, reúne as condições de liderar a consolidação setorial. No Brasil, assistimos recentemente à consolidação do setor de sistemas financeiros de gestão, ou *enterprise resource planning* (ERP), quando a Microsiga, apesar de não ser a maior empresa do setor em termos de faturamento, foi eleita pelos investidores para liderar a consolidação setorial, dando origem a Totvs.

Neste capítulo examinamos, inicialmente, as questões gerais sobre as quais qualquer investidor procurará se informar, e que são as oportunidades que se apresentam no ambiente externo à empresa, os recursos existentes no ambiente interno e a estratégia das empresas. Em seguida, examinamos as questões a serem abordadas em cada um dos estágios de desenvolvimento das empresas e dos mercados. Das nove possíveis combinações entre estágio da empresa e estágio do mercado, elegemos três por considerá-las as que ocorrem com maior frequência.

No capítulo 4, apresentaremos as fontes de financiamento e a negociação com os investidores.

4

Fontes de financiamento e a negociação com os investidores

Neste capítulo trataremos das fontes de financiamento de longo prazo no Brasil, que são, principalmente, os investidores de risco, o Banco Nacional de Desenvolvimento Econômico e Social (BNDES), a Financiadora de Estudos e Projetos (Finep) e as Fundações de Amparo à Pesquisa (FAPs).

Os investidores de risco aportam recursos nas empresas em troca de participação acionária. Geralmente, indicam um diretor financeiro e participam do Conselho de Administração.

O BNDES aporta recursos nas empresas por meio de dois instrumentos: financiamentos de longo prazo e participação acionária. Em ambos os casos, o banco exige um plano de negócios.

A Finep e as FAPs aportam recursos por intermédio de programas de fomento à inovação denominada como subvenção econômica. São recursos não retornáveis amparados pela Lei Federal nº 11.196, também conhecida como Lei do Bem.

Investidores de risco

Os investidores de risco entram na empresa buscando elevados retornos, que só ocorrem se o investimento for bem-

-sucedido e a empresa conseguir ser vendida. Geralmente, entram na empresa em momentos de alto risco e, por meio de um processo de gestão, tratam de ajudá-la a crescer e reduzir o risco do negócio.

A figura 12 ilustra a lógica dos investidores:

Figura 12
VALOR DO EMPREENDIMENTO AO LONGO DO CICLO DE DESENVOLVIMENTO DE UM NOVO PRODUTO

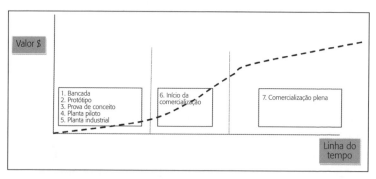

Vemos que, à medida que o desenvolvimento de um novo produto vai avançando e superando as fases iniciais, o valor da empresa aumenta. Na figura 12, temos sete pontos de embarque e desembarque, a exemplo de um trem.

Um investidor poderá embarcar, por exemplo, na fase de bancada, de maior risco, e desembarcar na fase de conceito, em que o risco já é menor, multiplicando o valor de seu investimento na saída.

Perfil dos investidores de risco

Existem investidores especializados em cada uma das fases, conforme mostra a figura 13, a seguir.

Figura 13
PERFIL DOS INVESTIDORES

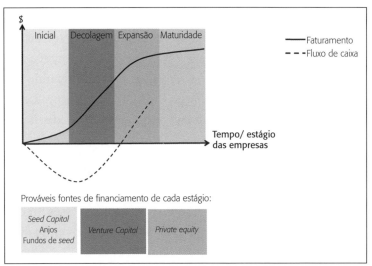

Fonte: Deutscher, 2010, baseado em Bygrave & Timmons.

De uma forma simplificada os investidores de risco se dividem em quatro categorias: a) investidores anjos, ou *angels investors*; b) fundos de capital semente, ou *seed money*; c) *venture capital*; e d) *private equity*.

(a) Investidores anjos – São especialistas em investimentos em empresas *start ups*. Trata-se de pessoas físicas, em geral ex-empreendedores tecnológicos bem-sucedidos que, após receber um aporte de um fundo de investimentos, venderam a empresa para um investidor estratégico, como uma empresa maior do setor, ou para um *venture capitalist* (VC) e, hoje, estão com tempo e dinheiro. Essas pessoas aportam recursos nas *start ups*, no Brasil em média R$ 1 milhão, e participam de sua gestão. Geralmente, procuram empresas ligadas à sua área de conhecimento tecnológico ou mercadológico.

No Brasil, a figura do investidor anjo ainda é pouco desenvolvida em razão, principalmente, da falta de marco regulatório fiscal, já que os ganhos de capital não são compensados com as perdas. No entanto, já existem algumas organizações, como a São Paulo Anjos, Gávea Angels e Floripa Angels, que congregam esses investidores. A Finep está anunciando o I Fórum de Angels, e a Associação Brasileira de Venture Capital (ABVCAP) está levando ao governo as questões do marco regulatório.

(b) Fundos de Investimento *Seed Capital* – Fundos de investimentos em *start ups* do BNDES e Finep aportam cerca de R$ 2 milhões por empresa, como ticket médio. Esses fundos exercitam a lógica de carteira dividindo os riscos entre diferentes empreendimentos.

Como o risco nessa fase inicial é muito alto, os investidores costumam negociar participações que vão até 40% do capital da investida. Isso pode parecer um pouco agressivo, mas temos de levar em consideração que uma parte dos investimentos não obterá sucesso algum, uma segunda parte devolverá o investimento e apenas uma terceira parte irá gerar algum tipo de retorno.

Referências sobre esses fundos podem ser encontradas nos sites da National Association of Seed and Venture Funds (NASVF), da Finep e da ABVCAP.

No Brasil, em 2007, foi constituído o Fundo Criatec, com aporte de R$ 100 milhões, especialmente voltados aos investimentos na fase de *seed capital*. Esse fundo investe em empresas de base tecnológica, com faturamento de até R$ 6 milhões no ano anterior à aprovação do investimento. A análise do perfil das cerca de 1.500 empresas que submeteram seus planos de negócios, realizada na base de dados do Fundo Criatec, mostrou que cerca de 40% do universo de empreendedores eram mestres e doutores e 20% pertenciam a setores de novas tecnologias emergentes, como novos materiais e biotecnologia. Dessas empresas, cerca de 42% estavam com suas patentes na fase de elaboração, depósito ou registro.

(c) Fundos de Capital de Risco (*Venture Capital*) – O objetivo desses fundos é identificar empresas que já tenham entrado na fase inicial, ou *early stage*, e necessitam agora de recursos para acelerar a sua penetração no mercado. Como o risco é mais reduzido nessa etapa, as participações negociadas são menores, girando em torno de 20%, consideradas caso a caso. Costumam obter a saída vendendo para um fundo de *private equity* ou para um investidor estratégico. Caso de sucesso recente foi a venda das empresas Alellyx e CanaViallis, da área de biotecnologia, investidas pela Votorantim Ventures e vendidas para a Monsanto por US$ 290 milhões.

(d) Fundos de *Private Equity* – Buscam empresas maiores que estejam no estágio final, ou *late stage*, para, na maior parte das vezes, levar a empresa até a abertura de capital na Bolsa de Valores, por meio de uma oferta pública inicial, em inglês *initial public offering* (IPO). Segundo nossa experiência de mercado, o ticket médio é de cerca de R$ 50 milhões. Foram os casos da Microsiga, atualmente Totvs, da Bematech e da Lupatech, empresas que percorreram, em pouco tempo, todo o ciclo do investimento até chegar ao IPO na Bovespa.

Apresentamos, no quadro 1, a seguir, uma pesquisa realizada nos sites de investidores de risco.

Quadro 1
O QUE BUSCAM OS INVESTIDORES DE RISCO

Investidores	Segmento	O que buscam?
Fundo Criatec	Seed/ Early stage	❏ Inovações disruptivas em setores em que o Brasil é player relevante ❏ Mercados densos ❏ Projetos escaláveis ❏ Equipe de primeira classe ❏ Possuir os ativos intangíveis necessários para levar adiante o empreendimento ❏ Ter um pé no mercado e outro na pesquisa ❏ Governança e *compliance* ❏ Possibilidade de desinvestimento
CRP	Venture Capital/ Private Equity	❏ Negócios inovadores e competitivamente diferenciados ❏ Equipe administrativa definida e estruturada ❏ Participação em um mercado amplo e em expansão ❏ Produtos ou serviços que apresentem valor agregado ❏ Retorno potencial atrativo sobre o investimento a ser realizado, com claras oportunidades de desinvestimento
Fir Capital	Seed/Venture Capital	❏ Projetos de pessoas que possuem ideias arrojadas e inovadoras, que compartilhem dos nossos valores e objetivos, e que possam criar empresas extremamente competitivas mundialmente ❏ Clareza de oportunidades, competências e ativos estratégicos para levar adiante o empreendimento ❏ Projetos escaláveis
DGF	Seed/Venture Capital	❏ Time de gestão profissional, experiente e dinâmico ❏ Processos e tecnologias inovadoras e disruptivas ❏ Modelo de negócios lucrativo e sustentável a longo prazo ❏ Mercados representativos e com potencial de crescimento ❏ Modernas regras de governança corporativa ❏ Clara estratégia de saída
MDV	Seed/ Early stage	❏ Oportunidade clara ❏ Tecnologia ❏ Mercados densos ❏ Vantagem competitiva clara ❏ Equipe qualificada e comprometida

Fonte: Elaborado com base nos sites das empresas.

Observamos que existe certa recorrência no que os investidores buscam e que isso, portanto, servirá de base para o roteiro do plano de negócios.

Financiamentos e subvenções

O BNDES é um dos maiores bancos de desenvolvimento do mundo, atuando na maior parte dos segmentos do mercado financeiro com produtos que vão desde a participação acionária até financiamentos, com e sem garantias reais.

Na participação acionária o investimento pode ser feito diretamente nas empresas ou na constituição de fundos de investimentos, e segue a mesma lógica dos investidores de risco. Na linha de financiamentos, este pode ser direto, realizado pelo banco para valores acima de R$ 10 milhões, ou indireto, por intermédio de agentes financeiros para valores abaixo de R$ 10 milhões. Existem exceções para alguns programas especiais, como o Prosoft, destinado ao setor de software, em que o banco financia valores inferiores a R$ 10 milhões diretamente, sem garantias reais, baseado em um plano de negócios. O banco possui ainda outros programas setoriais que oferecem financiamentos de longo prazo, com taxas de juros civilizadas e prazos de devolução que podem chegar a até 10 anos, com quatro anos de carência.

A Finep possui diversos programas de financiamentos, dentre eles o Juro Zero, e programas de subvenção econômica para as empresas inovadoras de base tecnológica. A Finep organiza também o programa Inovar, do qual fazem parte *Venture* Forum Finep e o *Seed* Forum Finep. O objetivo é apresentar as empresas que desejam obter investimentos aos investidores. No Inovar já foram realizados, de 2000 a 2010, 18 fóruns, nos quais cerca de 180 empresas de base tecnológica se apresentaram, tendo algumas delas obtido investimentos. Os *Seed* fóruns tiveram início em 2007 e cerca de 100 empresas já se apresentaram em suas nove edições. Além disso, a Finep aporta recursos em fundos de investimentos por meio destes programas.

As FAPs são órgãos estaduais de amparo à pesquisa, dentre as quais citamos a Fundação de Amparo à Pesquisa do Estado do Rio de Janeiro (Faperj), a Fundação de Amparo à Pesquisa do Estado de São Paulo (Fapesp), a Fundação de Amparo à Pesquisa do Estado de Minas Gerais (Fapemig), entre outras.

Todas as FAPs têm por objetivo o apoio à pesquisa científica e tecnológica em seus respectivos estados, feito por meio de programas de subvenção econômica.

A negociação com os investidores

Examinaremos agora as principais questões que fazem parte de uma negociação, a saber, (a) o valor da empresa para efeito de cálculo da participação acionária e (b) cláusulas habituais de proteção aos investidores e aos empreendedores.

(a) Valor da empresa – A questão é como chegar a um valor para calcular a participação do investidor no capital da empresa, no momento de sua entrada. Em empresas maduras, com histórico de faturamento, é simples. Geralmente, utiliza-se como base o fluxo de caixa projetado, descontado a uma taxa de atratividade k. A fórmula adotada pelo mercado financeiro é a seguinte:

$$\text{Valor da empresa} = FC_1 / (1+k)^1 + FC_2 / (1+k)^2 + \ldots + FC_n / (1+k)^n$$

em que os FC_i são os diferentes fluxos de caixa projetados e k, a taxa de atratividade do investidor, em função do risco que ele entende estar assumindo.

Alguns autores usam, para efeito de cálculo da taxa k, o índice *Weighted Average Cost of Capital* (WACC) ou Custo Médio Ponderado de Capital. De sua composição, fazem parte:

❑ Custo de oportunidade do capital próprio dos investidores na aplicação em investimentos de baixo risco;

❑ Custos dos financiamentos de longo prazo;

❑ Risco da empresa em função de seu tamanho e de seu nível de alavancagem financeira;

❑ Taxa de crescimento setorial e risco associado.

Para ilustrar, analisaremos o comportamento dos investidores no mercado norte-americano, conforme a tabela 7:

Tabela 7
INDICADORES SETORIAIS DE RETORNO E RISCO FINANCEIRO

Setores	Potencial de crescimento	Retorno sobre capital próprio	Endividamento/ patrimônio líquido	Valor da ação/lucro por ação
Tecnologia	Alto	10,87%	57,06%	50,97
Biotecnologia	Alto	9,8%	53,09%	78,60
Matérias-primas básicas	Baixo	11,29%	44,09%	25,74

Fontes: Elaborada com base em informações da Nasdaq e NYSE.

A tabela 7 mostra uma comparação entre setores de alto e baixo crescimento. Apesar de esses setores apresentarem os mesmos níveis de retorno sobre o capital próprio e de endividamento, existe um prêmio sendo pago pelos investidores na relação do valor da ação sobre o lucro por ação. Esse prêmio se justifica pelo crescimento setorial esperado.

Nas empresas *start ups*, como o nível de incerteza sobre o fluxo de caixa projetado é muito alto, o cálculo do valor da empresa a ser investida é muito mais intuitivo e, portanto, sujeito a uma negociação mais intensa.

(b) Cláusulas habituais de proteção aos investidores e aos empreendedores – Normalmente, nos acordos de acionistas, são introduzidas cláusulas jurídicas visando à proteção dos interesses tanto dos majoritários quanto dos minoritários. Tudo o que o investidor deseja é não ficar preso em um investimento, por isso essas cláusulas buscam facilitar sua saída. São elas:

❑ *Tag along* – Cláusula que protege os acionistas minoritários no caso da venda do bloco de controle pelos majoritários. O *tag along* é previsto na Lei Federal nº 10.303 – Lei das S/A, Artigo 254-A, e assegura que:

> a alienação, direta ou indireta, do controle acionário de uma companhia somente poderá ocorrer sob a condição de que o acionista adquirente se obrigue a fazer oferta pública de aquisição das demais ações ordinárias, de modo a assegurar a seus detentores o preço mínimo de 80% do valor pago pelas ações integrantes do bloco de controle.

Nos acordos de acionistas assinados entre empreendedores e investidores, o usual é que o valor para os minoritários seja de 100% do preço pago aos majoritários.

❑ *Drag along* – É um mecanismo de proteção para o majoritário que arrasta, ou draga, os minoritários na venda das ações de controle da empresa. Admita que o comprador queira adquirir o controle, porém, não se interesse em continuar com o minoritário como acionista. Nesse caso, o minoritário é obrigado a vender suas ações para o comprador.

Nos acordos de acionistas, os investidores, quando aceitam o *drag along*, costumam exigir a igualdade de condições. Alguns acordos preveem o *drag along* bilateral, que concede tanto ao majoritário quanto ao minoritário o poder de arrastar a outra parte. Essa cláusula pode se transformar em um impasse, ou *deal breaker*, sendo difícil sua aceitação pelo majoritário.

❑ Opção *Put* – Cláusula que garante o direito de venda de um determinado ativo dentro de um prazo estipulado, a um valor prefixado. Nesse caso, os empreendedores são obrigados a adquirir as ações dos investidores, muitas vezes até por R$ 1, apenas para viabilizar sua saída, uma vez que os fundos devem ser encerrados após determinado período.

❑ Opção *Call* – Cláusula que garante o direito de compra de determinado ativo dentro de um prazo estipulado, a um valor prefixado. Nesse caso, os empreendedores são obrigados a vender parte de suas ações aos investidores a um preço anteriormente estabelecido.

❑ *Earnout* – Pode ser qualquer prêmio. Na dificuldade de se chegar a um acordo sobre o valor da participação do investidor na empresa, pode ser negociado um prêmio a ser conferido aos empreendedores quando eles atingem as metas estabelecidas. Esse prêmio pode ser um bônus em dinheiro ou uma devolução de participação acionária. Pode ainda ser um prêmio a ser conferido aos empreendedores na ocasião da venda da empresa quando os valores da transação forem superiores ao mínimo estabelecido no acordo de acionistas.

❑ Constituição de Fundo de Recompra – retenção de dividendos para garantir que a empresa, caso enfrente alguma dificuldade de liquidez de saída, recompre as ações do investidor.

❑ Antidiluição – Quando uma parte garante à outra parte que esta não será diluída pela entrada de um novo investidor. Por exemplo, se um investidor aportou R$ 2 milhões por 30% de participação em uma *start up*, ficará com os mesmos 30% se houver necessidade de um outro aporte na empresa, sendo nesse caso, pois, diluído apenas o empreendedor. O contrário também poderá ocorrer.

❑ Investimento em *tranches*, ou parcelas – O aporte negociado ocorre em parcelas, de acordo com a performance combinada e a um preço prefixado.

Neste capítulo, examinamos as fontes de financiamento. Analisamos o perfil dos investidores *Angels*, *Seed Capital*, *Venture Capital* e *Private Equity*, o que eles buscam e como negociam. Apresentamos também as fontes de obtenção de financiamentos e subvenções: BNDES, Finep e FAPs. Finalmente, apresentamos as cláusulas mais comuns nos acordos de acionistas que protegem os interesses dos minoritários, isto é, os investidores.

No capítulo 5, iniciaremos a elaboração do plano de negócios com a apresentação do sumário executivo, da oportunidade e do mercado.

5

Iniciando a elaboração do plano de negócios

O plano de negócios é um documento especial, único e dinâmico. Mudanças no ambiente econômico, de mercado, tecnológico ou interno à empresa devem estar permanentemente nele refletidas. A oportunidade de consolidar, em um único documento, todas as questões que dizem respeito ao caminho da empresa deverá resultar em um alinhamento de visão entre os principais empreendedores, executivos, parceiros estratégicos, investidores potenciais e demais partes interessadas, ou *stakeholders*.

Iniciaremos a explicação sobre a redação do documento pela apresentação do sumário executivo, da oportunidade e do mercado.

O processo de elaboração de um plano de negócios

A estrutura de um plano de negócios é apresentada conforme a figura 14, a seguir:

Observe que o plano de negócios é todo integrado, ou seja, o que é dito no presente capítulo deve servir de base para os seguintes. Preste atenção na coerência entre as partes. Um fundo em fase de prospecção de investimentos recebe, semanalmente, dezenas de planos de negócios. Uma das primeiras tarefas que os analistas executam é uma filtragem para verificar a aderência do plano em relação à proposta do fundo e também a sua coerência interna, especialmente em relação às premissas utilizadas na parte financeira.

Figura 14
PROCESSO DE ELABORAÇÃO DE UM PLANO DE NEGÓCIOS

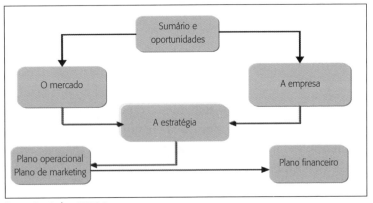

Fonte: Deutscher, 2010:9.

Sumário executivo

O sumário executivo não é apenas a introdução ou uma justificativa do plano de negócios. Como o próprio nome indica, seu objetivo é buscar a sua essência (*suma*), sintetizando os principais pontos de interesse dos leitores.

Um breve histórico da ideia do negócio deve ser apresentado, como forma de contextualizar o leitor. A estratégia deve ser resumida, mostrando claramente os caminhos que serão seguidos para que o objetivo de tornar o empreendimento um sucesso seja atingido. Também, aqui, é importante que você demonstre a visão do negócio, ou seja, o que ele pretende ser no futuro.

A visão de futuro é o que se idealiza para o negócio, e deve ser construída com base nos valores e desejos dos empreendedores. A identificação do mercado ou mercados-alvo deve ser apresentada, e também os principais números do negócio devem ser mencionados, com uma clara demonstração dos investimentos necessários para que se construam as vantagens competitivas.

Você poderá explicar os objetivos do plano de negócios, indicando o que deverá ser feito. Sugerimos que se explicite isso sob a forma de um plano de ação, em que seja mencionado o que será feito, por que, por quem, quando, onde e como. Essas definições são conhecidas no meio empresarial pela sigla 5W1H, do inglês *What, Why, Who, When, Where, How*.

O bom sumário traz em si a essência do plano. Por isso mesmo, recomenda-se que seja o primeiro item a ser apresentado, mas o último a ser elaborado. Escreva-o no final, refaça, capriche! Imagine que muitos investidores ocupados lerão apenas o sumário do seu plano!

Erros mais frequentes na elaboração de um sumário executivo

- ❑ Um sumário mal estruturado ou muito extenso fará o investidor desistir de ler o plano;
- ❑ Não enfatizar a oportunidade. Informe ao leitor por que ela existe agora e não antes, e também qual é o seu diferencial competitivo para ser uma empresa vencedora. Por que você?;
- ❑ Dar destaque à tecnologia. Apresente sua tecnologia na medida certa, não se esqueça de mostrar o mercado e sua estratégia mercadológica;
- ❑ Não ter precisão. Seja preciso, agudo e sucinto. Tente apresentá-lo em poucas páginas, fonte 12 e espaço duplo. O texto deve respirar e inspirar o leitor a seguir adiante.

A oportunidade

O principal ponto aqui é esclarecer que demanda externa gerou a necessidade por sua solução. Essa demanda deve ser entendida como uma oportunidade de negócios. Lembre-se de que a demanda é externa. A substituição de uma mesa telefônica analógica por uma digital não gera um plano de negócios a não ser que seja uma aquisição estratégica que possibilite à empresa acessar, de forma eficiente, novos mercados.

Uma oportunidade de negócios indica algo adequado a se transformar em um empreendimento, dentro do contexto de seu mercado específico. Entendemos aqui oportunidade de negócios como uma situação de carência ou demanda não atendida que possibilite à empresa estruturar uma oferta compatível e rentável. Tudo o que o investidor quer ver são soluções para demandas existentes, e não soluções em busca de problemas a serem resolvidos.

Degen (1989) menciona algumas formas interessantes para se mapear uma oportunidade de negócios:

❑ Observar deficiências que o mercado apresente no fornecimento de algum produto ou serviço: esse caminho é o mais tradicional no desenvolvimento de oportunidades. Você pode partir de sua experiência profissional prévia em determinado ramo. A pergunta-chave em mercados maduros é: o que poderia ser feito melhor ou mais barato?;

❑ Acompanhar tendências de mercado: os mercados enfrentam mudanças que impactam as necessidades e os desejos dos compradores. Qual a direção dessas mudanças? O mapeamento de tendências propicia a antecipação de demandas ainda latentes, permitindo que você seja pioneiro e inovador e, portanto, dando à empresa a oportunidade de construir um aparato para capturá-las;

❏ Imitar o sucesso alheio: apesar de pouco criativa num primeiro olhar, essa abordagem é válida em situações de demanda alta e baixa oferta. E não se excluem as inovações incrementais, pois mesmo pequenas melhorias podem redimensionar a sua oferta e torná-la ainda mais atrativa a determinados nichos de mercado. Também é uma estratégia para mercados maduros.

Essas alternativas são interessantes e podem ser praticadas caso a caso. Vale frisar que a busca e a avaliação de oportunidades incluem a realização de estudos mais apurados de mercado, que podem ser encomendados a institutos de pesquisa. As oportunidades estão no mercado, cabe a você analisá-las, definindo brechas e nichos não atendidos ou subatendidos.

Erros mais frequentes na identificação de oportunidades

❏ Procurar a oportunidade dentro da empresa. A oportunidade está do lado de fora. Dentro da empresa somente existe espaço para redução de custo ou aumento de eficiência, que só devem ser considerados quando permitir à empresa competir de forma mais eficiente no mercado;
❏ Importar soluções de modo não criterioso. Algumas soluções implantadas no exterior não necessariamente farão sentido no Brasil por questões legais, climáticas, demográficas, culturais, entre outras;
❏ Investir em oportunidades para as quais a empresa não está preparada. Pergunte sempre se essa oportunidade é para você;
❏ A empresa é detentora de ativos e competências para se apropriar da oportunidade?
❏ Ela faz sentido na estratégia atual ou futura da empresa?
❏ Em uma *start up* ela é aderente à trajetória dos empreendedores?

O mercado

Dividiremos o tema mercado no estudo do macro e do microambiente de negócios. A análise do macroambiente examina tendências gerais em nível mundial e em cada país. A análise do microambiente examina situações existentes no segmento específico que você pretende atuar.

Análise de macroambiente

Você deve considerar os fatores do macroambiente de negócios que congregam todos os ambientes externos não controlados pela empresa e cujas mudanças impactam o seu negócio em maior ou menor grau, e que podem ser resumidos nas seguintes categorias:

- ❑ Político-legais: Inclui variáveis como o ambiente regulatório, as leis, normas, regulamentos, padrões de segurança, regras de conduta e patentes, além de aspectos tributários, políticos, governamentais e institucionais;
- ❑ Econômicos: Considera os aspectos macroeconômicos clássicos, como as taxas de inflação, de câmbio, de juros e de desemprego, mudanças na renda e em sua distribuição, aumento do poder aquisitivo da população ou de classes sociais específicas, sistema de financiamento privado e governamental. Amplie a análise para todos esses fatores também no contexto internacional;
- ❑ Sociodemográficos: Ambiente propício à inovação e ao empreendedorismo, tamanho da população, estrutura etária, distribuição geográfica, nível de renda, distribuição social por sexo, nível de escolaridade, ocupação e estilo de vida;
- ❑ Tecnológicos: Mudanças tecnológicas, como tendências, ritmo e intensidade, com destaque para a tecnologia rela-

cionada ao negócio, investimentos em TI e em pesquisa e desenvolvimento e inovação (PD&I).

A figura 15 ilustra a análise do macroambiente:

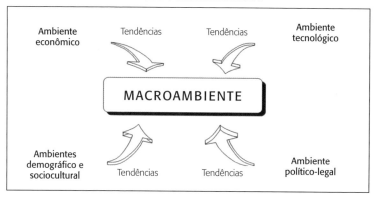

Figura 15
ANÁLISE DO MACROAMBIENTE

Lembre-se que a análise do comportamento desses ambientes pode e deve ser feita dentro de uma abordagem de cenários de negócios, que representam o conjunto das variáveis do macroambiente projetado para sua empresa. É comum, em planos de negócios, serem construídos cenários alternativos denominados "otimista", "realista" ou "pessimista". Você pode escolher trabalhar com essas alternativas, ou apenas preferir um cenário mais provável para sua análise. De todo modo, é importante explicitar o impacto das variações do macroambiente em termos de oportunidades ou ameaças ao seu negócio, e ter também mapeados os efeitos que variações de cenário poderão causar na execução do seu plano de negócios e suas respectivas contingências.

Uma análise estrutural da indústria, conhecida como o modelo das cinco forças competitivas (Porter, 1999), também deve ser elaborada. Nesse modelo, procura-se definir a força dos concorrentes, fornecedores, compradores, produtos substitutos e potenciais novos entrantes no mercado em questão. Essa análise serve para mapear barreiras competitivas e também diagnosticar se o seu ramo de atuação se caracteriza por uma competição mais ou menos intensa. A figura 16, a seguir, apresenta o modelo das cinco forças:

Figura 16
CINCO FORÇAS DE PORTER

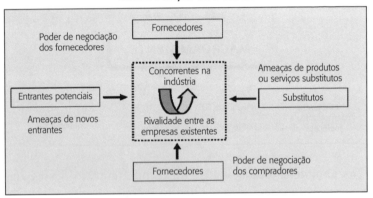

Fonte: Porter, 1986.

Ainda falando do ambiente de negócios, outra ferramenta auxiliar importante é a análise SWOT, do inglês *Strengths, Weaknesses, Opportunities, Threats*, a fim de identificar pontos fortes e fracos do seu negócio, comparados às oportunidades e ameaças do seu mercado. Dê particular atenção ao demonstrar e comentar a "rota de sucesso", mostrada na figura 17, a seguir, ou seja, como os pontos fortes de sua empresa são aderentes às oportunidades de mercado.

Neste momento de sua análise, será possível identificar as oportunidades e ameaças do mercado, mas ainda faltará analisar a empresa, o que será feito no próximo capítulo, para descobrir efetivamente quais são os seus pontos fortes e fracos.

Figura 17
ROTA DE SUCESSO E FRACASSO

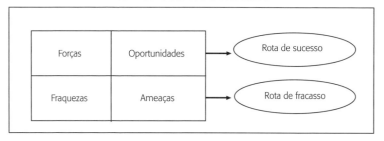

Análise do microambiente

A partir de agora, iremos examinar as condicionantes para a construção de seu negócio específico. A metodologia compreende a elaboração de uma pesquisa de mercado, para identificar a viabilidade mercadológica de seu produto.

Pesquisa de mercado

Ao elaborar a pesquisa, os seguintes pontos devem merecer sua atenção:

(a) Use fontes confiáveis;
(b) Procure captar as tendências, especialmente as de longo prazo;
(c) Apresente tabelas numéricas, a menos que se trate de um Grupo de Foco;
(d) Segmente o mercado.

Seguindo metodologia desenvolvida por Pavani, Deutscher, Maia e Lopez (1997), apresentaremos como exemplo uma pesquisa de mercado voltada à implantação de um serviço de fisioterapia para indivíduos com mais de 60 anos de idade, na cidade do Rio de Janeiro.

O que desejamos conhecer é a localização mais adequada para a implantação do serviço, em função da renda disponível da população, seus hábitos de consumo e a concorrência. O local indicado será aquele de maior potencial de faturamento por serviço.

Iniciamos pela pesquisa da população residente, por bairro, com idade superior a 60 anos, conforme a tabela 8, a seguir:

Tabela 8

POPULAÇÃO RESIDENTE, POR GRUPOS DE IDADE, POR BAIRROS – ANO 2000

Áreas	Total	População com idade	
		até 60 anos	superior a 60 anos (população-alvo)
Rio de Janeiro	5.857.904	5.105 920	751.637
Copacabana	161.178	117.327	43.851
Ipanema	46.808	35.190	11.618
Botafogo	238.985	186.414	49.481
Barra da Tijuca	92.233	81.117	11.116

Fonte: <www.armazemdedados.rio.rj.gov.br/>. Acesso em: 9 mar. 2011.

O número da população-alvo será exportado para a tabela 9.

Faturamento potencial por serviço em cada bairro

Dentre as localizações, selecionamos os bairros de Ipanema, Copacabana e Botafogo como possíveis locais para a implantação do serviço. Para chegar ao potencial de faturamento por serviço, em cada bairro, precisamos conhecer, além do tamanho da população com idade superior a 60 anos, sua renda média mensal e a concorrência local, conforme tabela 9:

Tabela 9
POPULAÇÃO ALVO, CONCORRÊNCIA E FATURAMENTO POTENCIAL
(NÚMEROS HIPOTÉTICOS APENAS PARA EXEMPLO)

| Bairros | População-alvo (mais de 60 anos de idade) ||| Concorrência local | Faturamento |
	Tamanho da população alvo	Renda média mensal (salários mínimos)	Renda total R$ / mês (SM R$545)	Número de serviços especializados existentes	Potencial por serviço R$ / mês
Copacabana	43.851	5	119.493.975	15	7.966.265
Ipanema	11.618	10	63.318.100	10	6.331.810
Botafogo	49.481	5	134.835.725	20	6.741.786

Na tabela 9, acima, temos:

❑ Tamanho da população-alvo – quantidade de pessoas residentes na localidade com idade acima de 60 anos. Dados importados da tabela 8;
❑ Renda média mensal – quanto cada morador, na população-alvo, ganha em média, por mês, em salários mínimos (dados simulados);
❑ Renda total – resultado da multiplicação dos dados da coluna "tamanho da população-alvo" e dados da coluna "renda média mensal", considerando um salário mínimo mensal de R$ 545;
❑ Concorrência local – número de serviços especializados existentes no bairro (dados simulados);
❑ Faturamento potencial por serviço – resultado da divisão entre a renda total da população-alvo pelo número de serviços existentes. Se todo o público-alvo aplicasse 100% de sua renda, este seria o resultado, o que obviamente não acontecerá.

Faturamento esperado por serviço

Para conhecer o potencial efetivo de faturamento, por serviço, é necessário pesquisar os hábitos de consumo da população-alvo e que parcela dessa renda estaria disponível para o serviço.

Agora, você deve iniciar a pesquisa de campo com a população-alvo. O que você precisa saber é o percentual de adotantes do serviço e que parcela da renda mensal é ou pode ser destinada ao seu consumo, por bairro, conforme apresentado na tabela 10:

Tabela 10
FATURAMENTO ESPERADO POR SERVIÇO

Bairros	Faturamento potencial por serviço por bairro R$ / mês	Percentual de adotantes potenciais	% da renda mensal destinada ao serviço	Faturamento mensal esperado por serviço R$
Copacabana	7.966.265	10%	5%	39.831
Ipanema	6.331.810	20%	8%	101.309
Botafogo	6.741.786	8%	4%	21.574

Na tabela 10, temos:

❑ Faturamento potencial por serviço, por bairro – estes números foram importados da tabela 9;
❑ Percentual de adotantes potenciais – indica o percentual de entrevistados dispostos a aderir ao serviço, em seu bairro;
❑ Percentual da renda mensal destinada ao serviço – percentual de renda mensal que cada adotante destinaria ao serviço;
❑ Faturamento mensal esperado por serviço – resultado da multiplicação dos dados das três colunas anteriores; indica o potencial de faturamento, por serviço, em cada bairro.

Vemos, portanto, que o bairro de Ipanema é o local mais indicado para abrir um serviço, graças ao seu faturamento mensal esperado. Esse resultado é função da baixa concorrência, da renda disponível e dos hábitos de consumo do público-alvo.

Erros mais frequentes na análise de mercado

❑ Utilização de fontes de informação pouco rigorosas – revistas semanais, mesmo as internacionais, não devem ser consideradas. Busque sempre os institutos de pesquisa como o IBGE, Pereira Passos (RJ), João Pinheiro (MG), Banco Mundial, entre outros. Teses de doutorado e anais de congresso são boas fontes para a captura de tendências;

- ❑ Uso de tabelas e gráficos irrelevantes – um fato que irrita profundamente os investidores é o uso de tabelas do tipo "nada a ver", o que levará seu plano a ser desqualificado;
- ❑ Demonstrar falta de intimidade com o mercado – sempre que possível, converse com os clientes atuais da empresa para entender a sua real necessidade. No caso de uma *start up*, entreviste os clientes potenciais. Lembre-se: se você não o fizer, o investidor o fará. Investidores possuem uma vasta rede de relacionamento, e checar suas informações é muito simples para eles;
- ❑ Falta de segmentação do mercado – segmente o mercado ao limite. Não se refira ao mercado de maneira vaga, fazendo afirmações como: "o mercado do produto é de 100 mil unidades por mês e eu só quero 1% desse mercado. Portanto, vou vender 1.000 unidades por mês". Uma afirmação como essa desqualificará seu plano;
- ❑ Excesso de ameaças e oportunidades – cite apenas as mais relevantes, que poderão impactar seu plano de negócios.

Neste capítulo, apresentamos a estrutura mais adequada para o plano de negócios, detalhamos como você deve elaborar o sumário executivo e apresentamos os aspectos mais relevantes para a análise da oportunidade e do mercado.

No sumário, você deve sintetizar todo o conteúdo do plano. A oportunidade é o que levou a empresa a escrever o plano e buscar o investidor para financiar o seu empreendimento. Ela pode ter surgido a partir de uma ruptura tecnológica ou de um mercado mal atendido.

Em seguida, analisamos as forças que atuam no mercado, utilizando a ferramenta das cinco forças competitivas de Porter, e demos início à construção da ferramenta SWOT, mostrando o quadro de ameaças e oportunidades e as rotas de sucesso e fracasso. Um modelo de pesquisa de mercado, com base em um exemplo, também foi apresentado.

No próximo capítulo, continuaremos a elaboração do plano, discutindo a empresa dentro de uma abordagem denominada Visão Baseada em Recursos (VBR).

6

A empresa

Neste capítulo, apresentaremos a empresa como aquela entidade que irá mobilizar os recursos para a execução do plano de negócios, sempre respeitando sua visão, sua missão, seus valores e sua trajetória.

Como recursos, consideramos os ativos tangíveis, os intangíveis e as competências. Ativos tangíveis são compostos por máquinas, equipamentos, entre outros, e podem ser adquiridos no mercado. Já os ativos intangíveis e as competências são, geralmente, desenvolvidos internamente, pois são de difícil aquisição e transferência; são as fontes das vantagens competitivas.

É importante destacar que deve haver uma integração entre a oportunidade, a visão, a missão, os valores e a trajetória e os recursos da empresa.

O negócio

Esta seção se inicia com a definição da demanda do mercado que a empresa atenderá de forma exclusiva. Contempla os benefícios que o consumidor obterá com o produto ou serviço e como a empresa entregará um valor superior ao da concorrência, ou seja, qual será sua proposta de valor, e também como será o seu modelo de negócios. Procure responder às seguintes questões:

- ❑ Que problema você resolve? – Deve existir um problema claro a ser resolvido. Apresente o máximo de evidências que você conseguir reunir a respeito;
- ❑ Quem tem esse problema? – Identifique, com clareza, o grupo de usuários de seu produto ou serviço. Entreviste-os e dimensione o mercado. Não use aproximações do tipo "quero ter apenas 1% desse mercado", de maneira pouco específica;
- ❑ Por que este problema persiste até hoje? – Qual foi a ruptura que está permitindo que esse problema seja, agora, resolvido de forma diferente da existente?
- ❑ Como você pretende resolvê-lo e com que vantagens sobre a concorrência? – Aqui, deve ficar muito claro que a sua proposta de valor é superior à da concorrência. O produto ou serviço em questão pode conter um conjunto maior de atributos valorizados pelos clientes ou deve ter um preço mais competitivo;
- ❑ Você detém os recursos para tal? – Analise se a sua empresa detém os diferenciais competitivos para jogar o jogo e tornar-se um investimento bem-sucedido. Se ela não conseguir abordar o mercado sozinha, qual será a rede de valor na qual buscará se inserir e como se remunerará, ou seja, qual será o seu modelo de negócios?

Visão, missão, valores, trajetória

A visão, a missão, os valores, e a trajetória são o DNA da empresa, isto é, o que gera a sua identidade e a torna única. Impactarão na sua proposição de valor e seu modelo de negócios.

Visão

Segundo Silva (2008), visão é o que se pretende ser no futuro, aquilo que se idealiza para a empresa, podendo mesmo ultrapassar o limite de tempo do plano de negócios. Um dos principais desafios na elaboração do plano é a obtenção do alinhamento da visão entre os empreendedores e os principais gestores. Alinhar a visão é essencial para a definição da estratégia competitiva. A título de ilustração trazemos a visão da mineradora brasileira Vale, conforme apresentado em seu site em abril de 2011: "Ser a empresa de recursos naturais global número um em criação de valor de longo prazo, com excelência, paixão pelas pessoas e pelo planeta" (Vale S.A., s.n.t.).

A Vale se define claramente como uma empresa de exploração de recursos naturais, e não menciona o termo agregação de valor. Essa omissão, a nosso juízo intencional, mostra que a empresa não quer construir siderúrgicas, preferindo manter-se competitiva e buscando inovar nas atividades de produção de matérias-primas básicas. Essa definição é importante para seus acionistas. Entrar no negócio de siderurgia implicaria vultosos investimentos e potenciais taxas de retorno baixas, em razão da intensa competição mundial, o que pode causar impacto negativo no valor de suas ações.

Um segundo exemplo é a visão da Sadia, conforme apresentado em seu site: "Ser reconhecida por sua competitividade em soluções de agregação de valor e respeito ao crescimento sustentável da cadeia de valor" (Sadia S. A., s.n.t.).

A Sadia declara um duplo compromisso. O primeiro é com a agregação de valor à matéria-prima básica que ela adquire e o segundo, com sua cadeia produtiva, que ela denomina de cadeia de valor. Essa segunda parte é importante, pois significa estabelecer uma relação de comércio justo com seus fornecedores, detentores de um baixo poder de barganha.

Missão

Ainda segundo Silva (2008), missão é a razão da existência da empresa. Idealmente, deve ser um guia motivador para os colaboradores e estar fortemente vinculada às competências da organização. A missão é delimitadora do escopo. Diz o que você irá fazer e, por exclusão, o que você não pretende fazer. A título de ilustração mostramos a missão da Vale, conforme apresentada em seu site: "Transformar recursos minerais em prosperidade e desenvolvimento sustentável" (Vale S.A., s.n.t.).

A missão e a visão devem ser curtas e precisas. Não devem deixar margem a dúvidas sobre o que a empresa é e pretende ser. Já na missão da Sadia, conforme apresentado em seu site, temos: "Alimentar consumidores e clientes com produtos saborosos e saudáveis, com soluções diferenciadas" (Sadia S. A., s.n.t.).

Nesse caso, consideramos que a missão não ficou bem estabelecida. Tente definir esta missão pela negativa: Alimentar com produtos não saborosos e não saudáveis. Não faria o menor sentido. Evite, portanto, frases desse tipo em sua declaração de missão.

Valores

São as crenças básicas, ideais e a ética que norteiam as decisões da organização (Joyce, 1999). Atualmente, itens como sustentabilidade e responsabilidade social e ambiental vêm sendo incluídos nas agendas das empresas e são obrigatórios na obtenção de financiamentos públicos. Ainda no exemplo da Vale, observamos que seus valores são: (a) ética e transparência, (b) espírito desenvolvimentista, (c) responsabilidade econômica, social e ambiental, (d) respeito à vida, (e) respeito à diversidade e (f) orgulho de ser Vale.

Trajetória

Destaca as principais conquistas da empresa ao longo de sua existência, marcando os pontos de inflexão. As estratégias apresentadas no plano devem respeitar as trajetórias da empresa ou de seus empreendedores, no caso das *start ups*. Por exemplo: o iPod foi criado e comercializado pela Apple, que detinha uma clara trajetória na produção de equipamentos eletrônicos diferenciados. Poderia também ter sido inventado pela Sony, que possuía uma evidente trajetória em miniaturização de produtos e na música. Com certeza, não faria sentido se essa inovação fosse inventada e comercializada pela Vale ou pela Sadia.

Recursos – a empresa vista como um conjunto de ativos e competências

É a denominada abordagem do Valor Baseado em Recursos (VBR), cuja fundação remonta a Penrose (1959). Diferentemente da Estratégia de Posicionamento (ver Porter, 1986, que se preocupa basicamente com o mercado), a abordagem do VBR olha mais para o interior da empresa. Os recursos são compostos pelos ativos tangíveis e intangíveis e pelas competências adquiridas ao longo da trajetória, e são os principais responsáveis pelo desenvolvimento dos diferenciais competitivos, reconhecidos como tais quando respeitam as seguintes condições:

(a) são necessários para o projeto, difícil de serem imitados pelos concorrentes ou substituídos pelos clientes, durante um considerável período de tempo;
(b) os clientes necessitam, e estão dispostos a pagar por eles.

Exemplificando alguns diferenciais competitivos:

(a) Petrobras – Seus prédios ou suas plataformas de extração de petróleo não são seus diferenciais. Esses ativos podem ser adquiridos no mercado ou até alugados. O diferencial competitivo da Petrobras é a sua competência, desenvolvida ao longo das últimas décadas, para extrair petróleo em águas profundas, o que a torna ímpar no mercado. Um concorrente levaria anos para desenvolver essa competência, e ela é essencial, pois existe uma grande quantidade de óleo a ser extraído no fundo do mar.

(b) Caneta Bic – Não é apenas a usabilidade de seu produto, e sim a capilaridade de seu canal de distribuição que a diferencia. Um concorrente poderia, por meio de um processo de engenharia reversa, copiar o produto, mas levaria anos para construir um canal de distribuição tão capilar.

(c) Mont Blanc – seu diferencial competitivo não está apenas no design de seus produtos, já que isto pode ser facilmente copiado em pouco tempo, mas na força da marca, que foi construída ao longo de muitos anos por meio de estratégias de diferenciação.

A tecnologia proprietária da Petrobras, o canal de distribuição da Bic e a força da marca da Mont Blanc são exemplos de ativos intangíveis que criam valor para as empresas e suportam o seu diferencial competitivo. O quadro 2 mostra um modelo de classificação de ativos intangíveis ou *Rating* de Capitais Intangíveis:

Quadro 2

RATING DE CAPITAIS INTANGÍVEIS

Capitais	Ativos e competências
1. Estratégico	1.1 Sistema de monitoramento do mercado
	1.2 Sistema de compartilhamento do conhecimento

2. Ambiental e social	2.1 Sistema de financiamento
	2.2 Ambiente regulatório
	2.3 Ambiente de inovação e empreendedorismo
	2.4 Infraestrutura e logística
3. Relacionamento	3.1 Carteira de clientes e contratos
	3.2 Fornecedores
	3.3 Marca e Reputação
	3.4 Rede – fornecedores e clientes
	3.5 Inserção no mercado
4. Estrutural	4.1 Sistema de governança corporativa
	4.2 Processos e certificações
	4.3 Sistema de inovação
5. Humano	5.1 Gestores
	5.2 Operadores
6. Financeiro	6.1 Confiabilidade do administrador
	6.2 Administração estratégica do risco
	6.3 Inteligência financeira

Fonte: Deutscher, Capitais intangíveis: métricas e relatório, 2008.

O quadro 2 é o resultado de um trabalho realizado pelo Centro de Referência de Inteligência Empresarial (Crie), da Universidade Federal do Rio de Janeiro (UFRJ), em 2007, para um grande banco brasileiro. A seguir, explicaremos o significado de cada um dos capitais apresentados.

Capital estratégico

Mostra que a empresa é antenada com o que está ocorrendo no mercado, conhece a concorrência e as novas tendências. Mostra, também, que ela compartilha o conhecimento de poucos para toda a organização, não a tornando refém do conhecimento proprietário dos fundadores.

Capital ambiental

Analisa o ambiente de negócios no qual a empresa está inserida. Ambientes mais ricos resultam em vantagens competitivas para as empresas. Empresas de base tecnológica devem estar próximas às universidades e aos centros de pesquisa.

Capital social

Explicita a construção de uma relação de confiança com o ambiente e a forma de apropriação de sua riqueza. Saxenian (1998) atribui a riqueza das empresas de Tecnologia da Informação (TI) do Vale do Silício ao desenvolvimento de sua capacidade de se relacionarem entre si e com os centros de pesquisa e universidades. Estar em um ambiente propício à inovação é importante, porém, de pouca utilidade se a empresa não conseguir se apropriar da sua riqueza.

Capital de relacionamento

Considera a rede de fornecedores, clientes e canal de distribuição que ajudarão a empresa a levar suas inovações ao mercado. Mostra, também, que a empresa possui uma marca reconhecida no mercado.

Se você for uma *start up*, explique como você será capaz de construir essa marca.

Capital estrutural

Mostra que a empresa possui, ou está preocupada em construir, um bom processo de governança corporativa, possui ou pretende desenvolver os processos e buscar as certificações de maneira a formatar um bom processo de qualidade e, finalmente, que a inovação faz parte de suas preocupações. Explicita que a empresa está preocupada com os aspectos referentes à propriedade intelectual e à proteção do conhecimento. Aqui, nos referimos à inovação como um processo, e não como uma fagulha de um gênio criativo.

Em relação ao processo de inovação na Apple, Kahney (2008:171) escreveu:

> Jobs [Steve] parece ter um talento inato para a inovação. É como se as ideias lhe ocorressem em um lampejo, como um raio caído do céu. A luz se acende e, de repente, há mais um produto na Apple. Não é bem assim. Não quer dizer que não haja lampejos de inspiração, mas muitos dos lampejos de Jobs vêm das fontes costumeiras: estudos de mercado e da indústria, observação de novas tecnologias que vêm surgindo e como poderiam ser usadas.

Ou seja, a inovação deve ser vista como um processo contínuo dentro da empresa.

Kahney (2008) continua citando uma entrevista de Jobs à *Business Week* em 2004: "Isso não significa que não temos um *processo*. A Apple é uma empresa muito disciplinada e temos ótimos processos. Processos fazem com que você se torne mais eficiente" (Kahney, 2008:171).

Capital humano

Mostra que a empresa tem uma política de desenvolvimento de competências e retenção de talentos. Sahlman (1997:101) enfatiza o papel das pessoas. Ele afirma:

> Toda vez que recebo um plano de negócios inicio sua leitura pelo currículo das pessoas e procuro responder a 14 perguntas:

1. De onde são os fundadores?
2. Onde eles foram educados?
3. Onde trabalharam antes? E para quem?
4. O que atingiram pessoalmente e profissionalmente no passado?
5. Qual a sua reputação na comunidade de negócios?
6. Qual a experiência relevante que possuem em relação à oportunidade que estão focando?
7. Quais são seus conhecimentos, habilidades e competências?
8. Quais são suas chances reais de serem bem-sucedidos?
9. Quem está faltando na equipe?
10. Eles estão preparados para recrutar pessoas de alto nível?
11. Como reagirão diante de alguma adversidade?
12. Eles terão a coragem de fazer uma escolha difícil, se necessário?
13. Qual seu nível de comprometimento com esse empreendimento?
14. Quais são suas motivações?

Capital financeiro

Mostra que o gestor financeiro é confiável e que executa uma gestão estratégica do risco eficiente, isto é, sabe mesclar bem as fontes de recursos próprios dos acionistas com o financiamento de longo prazo, a taxas aceitáveis.

Caro leitor, não é necessário falar sobre todos os capitais e ativos em seu plano. Restrinja-se àqueles que serão mais importantes em sua estratégia, levando em consideração, principalmente, o tamanho da empresa e o ciclo de adoção da tecnologia.

Análise das forças e fraquezas

No capítulo anterior, mostramos uma figura que intitulamos "Rota de sucesso e rota de fracasso" e analisamos as ameaças e oportunidades. Agora, é o momento de construir a análise das forças e das fraquezas, o que dependerá de seu projeto. Se você pretende apenas instalar um único serviço, é simples: trate de melhorar seus pontos fracos, começando pelos mais críticos e os de maior retorno sobre o investimento.

Se, no entanto, o seu projeto é implantar uma rede de franquias, você precisará construir muitos ativos. Assim, observe o *rating* dos capitais intangíveis e verifique que ativos são relevantes para o seu projeto. Lembre-se: um projeto de franquia irá demandar uma boa inteligência de mercado para o estudo de localização dos pontos, um bom capital de relacionamento para atrair bons parceiros, especialmente os clientes e os fornecedores estratégicos, uma marca forte, um bom capital estrutural para estabelecer a governança na rede, desenhar os processos e trazer a inovação de forma permanente, um bom capital humano para atrair e reter os bons profissionais e um bom capital financeiro para buscar os recursos financeiros necessários para desenvolver o projeto. Construa uma matriz como a do quadro 3, a seguir:

Quadro 3

PONTOS FORTES E PONTOS FRACOS PARA IMPLANTAÇÃO DE UMA REDE DE FRANQUIAS

Capitais	Ativos e competências	Importância para o plano	Urgência	Ponto forte	Ponto fraco	Como resolver?
1. Estratégico	1.1 Sistema de monitoramento do mercado	Alta	Baixa	Sim		Desenvolver
	1.2 Sistema de compartilhamento do conhecimento	Baixa	Baixa		Sim	Desconsiderar

O quadro 3 exemplifica apenas o capital estratégico. Você deve continuar sua construção listando os demais capitais e ativos que serão importantes para a implantação de seu projeto, no caso uma rede de franquias. Defina:

- ❑ Seu grau de importância, isto é, a sua criticidade;
- ❑ Sua urgência, considerando se deve deter a competência imediatamente ou se pode desenvolvê-la gradativamente;
- ❑ Se é para você um ponto forte ou um ponto fraco, e se você o detém;
- ❑ Como resolver o problema, avaliando se a empresa deve deter a competência internamente ou se esta pode ser fornecida por terceiros.

Daí, teremos alguns ativos e competências importantes, porém não urgentes, e outros importantes e urgentes. Concentre-se inicialmente nestes últimos. Guarde esta lista, pois será a partir dela que você fará seu plano de investimentos.

Erros mais frequentes na análise da empresa

- ❑ Definição de visão e missão pouco específicas – Não defina visões do tipo "quero ser a empresa referência na América Latina" sem verificar antes se a empresa detém os ativos e as competências para tal. Não defina missões que possam ser desconstruídas por meio de uma negativa.
- ❑ Forças e fraquezas – Não faça uma lista muito extensa. Cada força ou fraqueza identificada deve ser relevante para a execução do plano e demandará investimento. Pontos fortes devem ser reforçados e pontos fracos devem ser resolvidos. Se, por exemplo, um canal de distribuição for relevante e a empresa não o possuir, o plano deve indicar como a empresa resolverá essa fraqueza, incluindo construção de canal ou terceirização, o tempo e o investimento necessários.

❏ Propriedade dos ativos – Certifique-se de que a empresa seja proprietária dos ativos intangíveis críticos, especialmente da propriedade intelectual. Faça uma investigação, uma *due diligence*, cuidadosa nos Contratos de Transferência de Tecnologia e verifique se existe alguma cláusula restritiva.

Neste capítulo discutimos a empresa, enfatizando que deve ser claramente apresentada no plano a definição do negócio, a visão, a missão, os valores e a sua trajetória. Em seguida, mostramos a empresa como um conjunto de recursos compostos pelos ativos tangíveis, intangíveis e pelas competências dos empreendedores e da organização. Esse conjunto de recursos é, por sua vez, sustentado pela trajetória.

No capítulo 7, a seguir, discutiremos a estratégia. Antecipamos que ela deve estar alinhada com a visão, a missão e os valores e ser suportada pelos recursos da empresa.

7

A estratégia

No contexto do plano de negócios, a definição da estratégia do negócio é um dos capítulos fundamentais. Uma estratégia clara, bem conceituada e descrita funciona como o fio condutor da conexão entre a empresa e o seu mercado. É o que você verá neste capítulo.

Pensando em uma conceituação simples e intuitiva, se os objetivos da empresa são o que se pretende atingir ou aonde queremos chegar, a estratégia é o como fazer para que se alcancem estes objetivos.

Logo, a análise estratégica pressupõe uma clara definição dos objetivos do negócio. Fica muito mais fácil escolher o caminho se você sabe aonde quer chegar!

Estratégias genéricas

Para Porter (1996), a estratégia é a criação de uma posição única de valor, envolvendo um conjunto de atividades que são realizadas pela empresa. A lógica desse conceito é simples, mas bem poderosa, pois permite que você reflita fortemente sobre algumas questões essenciais: Qual o posicionamento de mercado que seu negócio pretende ocupar, comparativamente aos seus concorrentes ou outras ofertas similares? Essa posição será percebida como única e como geradora de valor para os potenciais clientes, ou você será só mais um competidor? E o que sua empresa precisa fazer para realmente transformar essa posição em realidade?

Porter (1986) estrutura sua análise levando em consideração três formulações principais para a estratégia corporativa empresarial. Você poderá ser reconhecido como a empresa líder no custo total, ou por sua diferenciação, ao oferecer produtos e serviços exclusivos de alto valor percebido, ou ainda pelo enfoque adotado, como o de atender algum segmento específico de mercado. Essas opções estratégicas são também chamadas de estratégias genéricas e devem ser mutuamente excludentes. Escolha como pretende competir, evitando ficar indefinido entre elas. Veja a figura 18, a seguir:

Figura 18
ESTRATÉGIAS GENÉRICAS DE PORTER

Fonte: Fonte: Porter, 1986.

Um produto pode adotar simultaneamente mais de uma das três estratégias genéricas descritas. Isso é possível, porém não é recomendável. Segundo Porter (1986), a opção por uma única estratégia gera melhor desempenho. Cabe a você, leitor, analisar o seu negócio e sugerir qual das estratégias melhor se aplicaria, tendo como critério eleger o que mais gerar vantagem competitiva a longo prazo.

Para essa análise, sugerimos a você uma abordagem complementar sobre estratégia. Apresentada por Afuah (2009), nela o conceito de estratégia deve ser entendido não apenas como o posicionamento diferenciado, mas também como a forma pela qual a empresa se apropria do valor gerado.

A questão que se coloca é simples, mas essencial: o posicionamento escolhido permite que a empresa se aproprie do valor gerado? Não basta a empresa possuir um posicionamento estratégico único, pois este só se justifica se a empresa conseguir transformar esse posicionamento singular em valor, seja sob a forma de lucros ou outros ganhos compatíveis, como participação de mercado e imagem de marca. Assim, é possível avaliar o posicionamento estratégico, sendo este mais positivo se permitir que a empresa tenha ganhos concretos de "apropriação" com a sua prática [Afuah, 2009:29].

Proposição de valor

Porter (1996) apresentou o conceito de proposição de valor, em que recomenda que a empresa tenha um posicionamento único que atenda a demanda de um grupo de clientes, dentro de uma opção estratégica. Para ilustrar, veja a figura 22, que apresenta dois hotéis da Rede Accor; sendo o primeiro o Ibis, categoria 3 estrelas, e o segundo o Sofitel, 5 estrelas, cada um com sua proposta de valor. Seus posicionamentos, e os dos demais concorrentes, determinam uma curva de eficiência de mercado. Ficar fora dessa curva significa que você está entregando mais por menos e deixando dinheiro em cima da mesa, ou tentando entregar menos por mais, e aí você está fora do mercado. A figura 19, a seguir, ilustra essa reflexão:

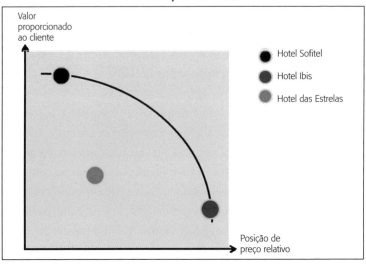

Figura 19
PROPOSIÇÃO DE VALOR

Fonte: Deutscher, 2010, baseado em Porter, 1996.

Nesse exemplo, temos um ponto deslocado, em que se pretende entregar menos por mais: o Hotel das Estrelas. Geralmente, nos cursos de MBA propomos um exercício de reposicionamento para o Hotel das Estrelas e, nesses casos, costumamos obter algumas respostas interessantes. Alguns participantes propõem a sua transformação em hotel boutique e outros, em albergue ou hotel para mochileiros. A estratégia a ser adotada dependerá de alguns fatores, dentre eles a localização e o custo da reforma. O importante, no entanto, é trazer o Hotel das Estrelas para a curva de eficiência, ou então fechá-lo.

Construindo uma proposta de valor

Para construir uma proposta de valor é importante ouvir o usuário. O relato a seguir ilustra o investimento em um produto, a insulina, para o qual a empresa farmacêutica Eli Lilly desenvolveu uma nova rota tecnológica, a partir da demanda dos médicos, e a Novo Nordisq procurou atender a demanda do usuário final, o paciente portador de diabetes (Christensen, 1997:194).

> A tecnologia de produção da insulina a partir do pâncreas de animais foi dominante por mais de 50 anos. Em 1978, a Genentech, por demanda da Lilly, criou bactérias geneticamente modificadas para produzir proteínas de insulina com 100% de pureza. O projeto foi, tecnologicamente, bem-sucedido e, depois de um investimento de quase US$1 bilhão, a Lilly introduziu sua insulina de marca Humulin no mercado. Com preço 25% acima das insulinas de extração animal, a Humulin foi o primeiro produto para consumo humano a emergir da indústria de biotecnologia em escala comercial. A resposta do mercado, no entanto, foi fraca. A Lilly achou difícil sustentar um preço mais alto para a insulina humana, e o crescimento no volume de vendas de Humulin foi decepcionante.

A Lilly ouviu os médicos, que estavam preocupados, basicamente, com a pureza da matéria-prima até então utilizada na fabricação do medicamento, e a resposta do mercado não correspondeu ao investimento realizado. Quase ao mesmo tempo, a Novo Nordisq, um fabricante de insulina muito menor, da Dinamarca, resolveu ouvir o usuário final (Christensen, 1997).

> As pessoas com diabetes tinham de carregar uma seringa separada, e o processo de aplicação era complexo, levando cerca de

dois minutos. A Novo desenvolveu, então, um pequeno dispositivo, similar a uma caneta, contendo a insulina, e o procedimento de aplicação foi reduzido a menos de 10 segundos.

Em contraste com a luta da Lilly para conseguir um preço superior para a Humulin, as convenientes canetas da Novo mantinham-se facilmente a um preço 30% superior àquele anteriormente praticado por unidade de insulina. Durante toda a década de 1980, impulsionada basicamente pelo sucesso de suas canetas e seus cartuchos pré-misturados, a Novo aumentou sua participação no mercado mundial de insulina, substancialmente e com lucro.

Um modelo mental bem interessante para pensarmos em proposta de valor é o apresentado por Kim e Mauborgne (2005), conforme a figura 20, a seguir:

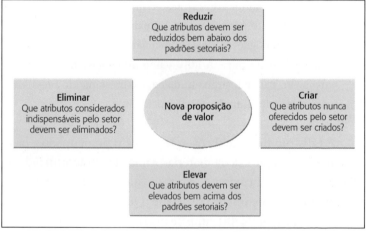

Figura 20
A Estratégia do Oceano Azul – o modelo das quatro ações

Fonte: Kim e Mauborgne, 2005:29.

O Oceano Azul é o nicho de mercado para onde a empresa fugiria do Oceano Vermelho, coalhado de tubarões, em que ela se encontra. O modelo das quatro ações consiste em criar uma nova proposição de valor, eliminando atributos onerosos e de baixa percepção do anterior, reduzindo e elevando outros atributos e, finalmente, criando outros nunca antes oferecidos. Os autores citam o Cirque du Soleil, caso em que a eliminação da participação de animais nos espetáculos trouxe uma significativa redução de custos, o que permitiu investimentos em talentos artísticos e em visual, som e iluminação, criando um espetáculo único.

Para complementar esse conceito de "oceano azul", recomendamos a reflexão proposta por Afuah (2009), na qual a estratégia pode ser construída baseada em atividades que modifiquem a cadeia de valor de determinado mercado. A analogia que o autor faz remete à definição estratégica como a escolha que se faz em jogar determinado "jogo" de mercado, em que as regras foram anteriormente estabelecidas. Verdadeiras inovações poderiam propor uma mudança nas regras do jogo, na prática com inovações que o redefinissem. O que a sua empresa pode fazer de diferente para redefinir o mercado em que ela atua? Essa pergunta obviamente não é de simples resposta, mas trazê-la para a sua análise pode abrir possibilidades e quebrar barreiras mentais que liberem o estrategista para desenhar o que Afuah (2009:28) chama de uma "new game strategy". A ideia instigante pode ser assim resumida: há grandes possibilidades de posicionamento único e grande apropriação de valor se as regras da competição forem definidas pela sua empresa, que será inovadora não só em produtos e serviços, mas também no próprio modelo de negócios escolhido.

Modelo de negócios

Modelo de negócios é uma expressão que surge a partir da chegada da internet e a possibilidade da desconstrução das cadeias de valor tradicionais. Segundo Rappa (1999, n.p.):

Modelo de negócios é talvez o mais discutido e o menos entendido aspecto da web. Fala-se muito de como a internet está mudando os modelos de negócios, mas existem muito poucas evidências do que isto significa. Em seu sentido mais básico, um modelo de negócios explicita como a empresa gera receita, mostrando onde ela está posicionada na cadeia de valor.

Vamos entender o que isso significa. Antes da internet, as empresas *incumbents* mantinham o comando das cadeias produtivas tradicionais, durante muito tempo, sem se sentirem ameaçadas. A partir da chegada da internet, a possibilidade de desconstrução da cadeia se tornou mais presente. Vejamos alguns exemplos, iniciando pelo modelo de negócios do livro físico:

(a) Modelo de negócios do livro físico – Os editores detêm o controle da cadeia e negociam com as gráficas, com os agentes dos autores e com os distribuidores. Além disso, fazem toda a prospecção, a seleção de autores e a produção dos livros físicos. A logística é complicada. Os clientes vão até a livraria para adquirir os livros físicos e nem sempre os encontram. As livrarias são obrigadas a carregar grandes estoques, em consignação, financiados pelas distribuidoras. Estas, por sua vez, se financiam com as editoras, que acabam por "bancar" todo esse modelo ineficiente. As cópias são frequentes, especialmente no segmento didático, e os autores desse segmento recebem poucos direitos autorais. A figura 21 ilustra o modelo de distribuição do livro físico:

Figura 21
MODELO DE NEGÓCIOS DO LIVRO FÍSICO

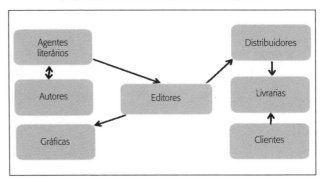

Na realidade, a cadeia de valor é mais complexa, incluindo atores importantíssimos, como os revisores.

(b) Modelo de negócios do livro digital — Com a possibilidade de digitalizar o conteúdo e com o surgimento dos *tablets*, os editores de livros físicos são agora ameaçados por novos entrantes, como a Amazon, o Google, empresas *internet based*. Esses entrantes buscam assumir o controle da cadeia, reduzindo o papel do editor, negociando diretamente com os agentes literários, ou até mesmo com os autores, como faz a Lulu.com, eliminando a necessidade das gráficas e das livrarias. Para controlar o pagamento dos direitos autorais surgem empresas especializadas nessa função, as *digital right management* (DRM), como a Adobe. Observe a figura 22, a seguir:

Figura 22
MODELO DE NEGÓCIOS DO LIVRO DIGITAL PROPOSTO PELAS EMPRESAS DE TI

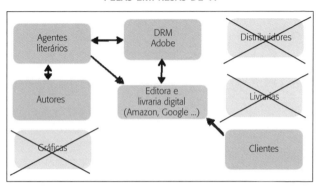

A tendência é que todo novo livro seja publicado em mídia física e digital, possibilitando, então, a construção de uma megalivraria digital, que é o projeto do Google.

(c) Novo modelo proposto pelas editoras tradicionais para o livro digital — Observando o que ocorreu com a ruptura da cadeia da música, algumas editoras já estão reagindo e criando suas próprias distribuidoras de livros digitais, com o objetivo de preservar o modelo de negócios atual do livro físico. É o caso da espanhola Libranda, site de distribuição de livro digitais, organizado pelas editoras. A figura 23 explicita o modelo provável para o livro digital.

Os principais editores entrevistados pelos autores na Bienal Internacional do Livro, em agosto de 2010, em São Paulo, entendem que a figura do editor, como conhecedor do negócio do livro, não pode ser subestimada. Afinal, existe um grande ativo intangível representado pela rede de relacionamento e pelo entendimento da demanda do cliente que os leva a selecionar, entre centenas de ofertas de manuscritos para a publicação, aqueles com potencial para best-sellers.

Figura 23
MODELO DE NEGÓCIOS PROPOSTO PELAS EDITORAS APENAS PARA O LIVRO DIGITAL

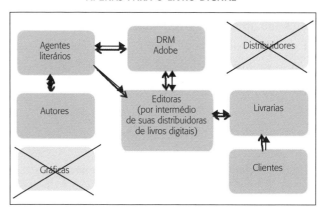

Entendem também que a curva de adoção do e-book será lenta e acreditam que, por ainda muito tempo, o livro físico conviverá com o livro digital.

É uma batalha interessante que está sendo travada entre as empresas que conhecem o negócio e as empresas que entendem de tecnologia, e que ilustra bem o caso do modelo de negócios.

Um segundo exemplo é o da desconstrução da cadeia de valor do *home video*. No paradigma tecnológico anterior, o cliente ia até uma videolocadora e pegava um filme em mídia física. A nova tendência, pós-digitalização, é o vídeo sob demanda, operação em que o filme poderá ser baixado diretamente da internet, a um custo muito mais baixo, eliminando a necessidade de lojas físicas, como a Blockbuster.

Um terceiro exemplo diz respeito aos sites de compras coletivas. Por meio da internet é, agora, possível mudar a relação de forças no jogo entre compradores e vendedores. No modelo anterior, o comprador era um ente individual, sem força de negociação com as cadeias de varejo. Agora, com a intermediação dos sites de compras coletivas, como o norte-americano Groupon ou o brasileiro Peixe Urbano, os compradores passam a ter uma participação maior na negociação dos preços.

Estes são apenas alguns poucos exemplos dentro de uma infinidade que poderíamos trazer. Tente, agora, a título de exercício, desconstruir uma cadeia de valor tradicional e veja as ameaças e oportunidades que surgirão.

Modelo de negócios e escalabilidade

Um dos aspectos mais importantes na decisão do investimento é a capacidade da empresa de promover a escalabilidade de seu produto ou serviço. Negócios que não possam crescer e ocupar o mercado rapidamente, oferecendo uma taxa de retorno adequada ao tamanho do investimento e ao risco, não interessam aos Fundos de Investimentos. Nesse momento, a discussão do modelo de negócios é crucial. Algumas regras são claras:

(a) Não faça tudo sozinho. Concentre-se naquilo que você faz melhor e terceirize tudo o que não for missão crítica;

(b) Lidere. Você tem de buscar uma forma de não se tornar dispensável no meio do caminho. Procure ser o integrador da cadeia mantendo o contato com o cliente final.

(c) Se você é uma *start up*, busque os visionários para introduzir o produto, mas já vá tratando de simplificar ou "produtar" o seu serviço para levá-lo aos pragmáticos. Se você é um *incumbent*, pense no mercado dos conservadores. Pense na expressão *keep it simple and stupid* (*kiss*), ou seja, faça um produto que possa ser adquirido por milhões e não por milhares de pessoas.

Erros mais frequentes na definição da estratégia

- ❑ Falta de foco. A empresa deve definir um foco muito claro de como irá competir no mercado. Estratégias de diferenciação são mais apropriadas para empresas que possuem marcas fortes, como Rolex, Nike e Ferrari. Estratégias de custo se aplicam a empresas que possuem vantagens competitivas na fabricação, como, por exemplo, as fábricas de software indianas ou as fabricantes de manufatura chinesas;
- ❑ Propostas de valor desalinhadas com o mercado;
- ❑ Modelos de negócios mal formulados. Na cadeia de valor que você está construindo, faltam alguns parceiros ou outros são concorrentes potenciais, que tentarão se livrar de você tão logo seja possível;
- ❑ Dificuldade em escalar, que ocorre quando a empresa não consegue "produtar" o serviço de forma a torná-lo escalável.

Neste capítulo, enfatizamos que a definição estratégica está na escolha de uma posição única e exclusiva no mercado, a partir das opções de diferenciação, liderança do custo total ou enfoque, em um segmento particular do mercado. Com essa análise, é possível construir uma proposta diferenciada de valor. Abordagens complementares poderão ser utilizadas, como a da busca de "oceanos azuis", ou seja, espaços competitivos menos disputados. Além disso, trouxemos para você, leitor, uma discussão importante, e muitas vezes negligenciada: a discussão do modelo de negócios. Isso pode custar muito caro à empresa, pois, de repente, alguém poderá acordar como participante de uma cadeia desconstruída.

No capítulo 8, apresentaremos a parte final do plano, que trata dos planejamentos operacional, de marketing e financeiro.

8

Planejamento

Nesta parte do plano, devemos projetar como serão organizadas as atividades empresariais que permitirão a execução da estratégia e, consequentemente, o aproveitamento pleno da oportunidade de negócios. O mais adequado neste tópico é construir detalhadamente os planos de cada área funcional: operacional, marketing e financeiro. Vale frisar que a integração entre esses planejamentos é um pré-requisito para o sucesso do empreendimento. É o que você verá neste capítulo.

Planejamento operacional

Neste item, é importante detalhar como o negócio funcionará antes e após se tornar operacional. Organize a informação da seguinte forma:

❑ Ações: Liste as ações necessárias para a execução do plano, distribuindo-as no tempo e nomeando os responsáveis. Informe seu grau de criticidade;

❑ Estrutura: Dimensione a estrutura e a infraestrutura necessárias para o funcionamento do negócio, indicando as que serão internalizadas e as que serão externalizadas;

❏ Pessoas: Indique as pessoas da organização que estarão envolvidas para que o negócio seja um sucesso. Aqui é importante relatar as características profissionais e pessoais dos envolvidos, deixando explícitos os papéis de cada um e como os mesmos serão úteis na execução do plano de negócios. Apresente as pessoas-chave, que já estejam sendo buscadas no mercado para fazer parte da equipe, e seus respectivos currículos;

❏ Tecnologia: Informe quais os aspectos da tecnologia são fundamentais para o sucesso do negócio;

❏ Fornecedores: Liste os fornecedores considerados estratégicos para a execução de seu plano. Observe que aqui não estamos nos referindo a qualquer fornecedor, mas apenas àqueles que possuem um diferencial competitivo considerado importante para o seu negócio e cuja fidelização é importante obter.

Planejamento de marketing

No plano de marketing, a definição do público-alvo é fundamental: Quem serão os clientes, pessoas físicas ou jurídicas, que terão suas necessidades atendidas pelos produtos e serviços que serão oferecidos pelo novo negócio? Que preços praticaremos para assegurar que o valor percebido seja imbatível? Como faremos para organizar nossos canais de vendas e distribuição? E como comunicar os diferenciais do nosso negócio?

O plano de marketing nos ajuda a responder a essas questões. Por isso, ele se caracteriza como uma peça fundamental do plano de negócios. Para elaborá-lo, os seguintes conceitos devem ser definidos:

❏ Segmentação;

❏ Posicionamento de mercado;

- ❑ Marketing mix;
- ❑ Plano de ação de marketing.

Segmentação

São os possíveis recortes de mercado com base em características:

- ❑ Geográficas;
- ❑ Demográficas;
- ❑ Psicográficas;
- ❑ Comportamentais.

Explicando melhor, a segmentação deve ser baseada em algumas variáveis que auxiliam a empresa a formar "grupos" de clientes que apresentam características semelhantes entre si. A primeira forma de se pensar a segmentação passa por uma análise geográfica do mercado-alvo, procurando formar segmentos baseados na localização dos seus clientes, como, por exemplo, definir que a sua região de atuação se restringirá à sua cidade, para propiciar um atendimento mais rápido e direto à sua clientela. Sugerimos a utilização da metodologia de análise apresentada a partir da tabela 8.

Uma segunda forma de pensar a segmentação passa a contemplar também as variáveis demográficas do mercado, como sexo, idade, profissão e renda. Não são poucos os negócios que florescem por se concentrarem em segmentos específicos, como o formado pelo "público teen", ou por "executivos de sucesso". Isso pode ser pensado também para quem pretende atingir o mercado de pessoas jurídicas.

Cada vez mais os aspectos psicográficos e comportamentais devem ser considerados para estudos de segmentação, por estarem mais ligados a estilos de vida, classes sociais e suas respectivas formas de pensar e agir frente aos novos tempos em que vivemos.

É importante enfatizar que a segmentação pode demandar dados oriundos de pesquisas de mercado. Por vezes, é muito complicado você tomar as decisões de segmentação sem dados confiáveis. Portanto, se você não se sentir confortável em relação aos segmentos pretendidos, pesquise! Se não houver recursos nessa fase do planejamento, indique os mais prováveis segmentos, mas frise que uma das ações do plano de marketing será realizar, a posteriori, pesquisas adicionais.

Posicionamento

Pode ser definido como o "espaço" que a empresa pretende ocupar no mercado e na "mente" de seus clientes. Usualmente, esse espaço é caracterizado pelos atributos diferenciados que o produto ou serviço possui em relação aos seus concorrentes, e que são percebidos como necessários ou desejáveis por um ou mais segmentos de mercado.

Lembre-se de que o posicionamento de um negócio está ligado à segmentação, se a empresa se definir como a que tem o melhor produto, a que transfere a maior vantagem competitiva ao cliente, a mais barata, a que tem o melhor atendimento, e, se isso for verdade, essa imagem tende a trazer diferenciais nos segmentos atingidos, atraindo e mantendo clientes fiéis. Essa fidelização deve estar contida na marca e, assim, são frequentes as pesquisas *top of mind* em que consumidores são convidados a responder, sem ter muito tempo para pensar, a marca de um produto que lhe venha à cabeça naquele momento. Marcas *top of mind* são as de maior valor.

Assim, a empresa que bem definir seu posicionamento e sua segmentação poderá fidelizar a clientela, obtendo uma vantagem competitiva, que deve ser trabalhada no longo prazo.

A concorrência também deve ser considerada, tanto pelos aspectos das cinco forças competitivas de Porter, que já comentamos, quanto pela ótica dos produtos e serviços que possam ser considerados concorrentes diretos, ou seja, produtos similares de outros fabricantes, ou indiretos, isto é, produtos de outras categorias que atendam às mesmas necessidades, ainda que parcialmente.

Em época de desconstrução de cadeias produtivas, convém examinar bem as rupturas e os novos entrantes. A Sony, por exemplo, não prestou atenção à ruptura digital e à demanda por mobilidade e cedeu o espaço para o iPod.

Marketing mix

Aqui, é importante ter uma visão clara do composto mercadológico, ou marketing mix. Consideramos como componentes do marketing mix as seguintes variáveis: produtos e serviços oferecidos, preços e política de preços, distribuição e logística e tipos adequados de comunicação. Detalhando:

❑ Produtos e serviços: Devemos pensar em toda a linha de produtos e serviços que a empresa possa oferecer. Aqui, há uma decisão importante: o que oferecer? Contar apenas com um produto excelente pode ser melhor do que ter múltiplos produtos medianos. Obviamente, deve-se tomar essa decisão em coerência com o posicionamento adotado. Ampliando o conceito de produto, devemos também pensar nos serviços adicionais que podem ser acrescentados e oferecidos. Para muitas empresas, os serviços agregados acabam por ser o real diferencial competitivo de seu negócio.

❑ Política e prática de preços: Consideramos nesta variável não só o preço dos produtos em si, mas também a política de preços da empresa, tanto para o atacado quanto para o varejo e o consumidor final. Essa política inclui o fornecimento de crédito, de descontos, a aceitação de cartões de crédito e de cheques pré-datados. Considere o preço para o seu cliente, ou seja, como este percebe o valor inerente ao produto comprado, *versus* o que foi efetivamente pago. Aqui se forma um dos aspectos importantes da imagem do negócio em relação ao seu posicionamento.

❑ Distribuição e logística: Nesta variável, analisamos aspectos importantes, como a localização do empreendimento, sua apresentação em termos de visual eficiente e layout. A distribuição vai ainda além: também devemos considerar os canais que serão usados e como se dará a logística dos produtos e serviços que serão oferecidos. Em distribuição, o fundamental é facilitar a disponibilização dos produtos e serviços ao mercado, considerando alternativas atuais, como vendas por telemarketing e pela internet. E isso não impede a utilização de sistemas de vendas tradicionais. Defina também como será sua equipe de vendas, se própria ou terceirizada, qual sua cobertura de mercado e como os canais de distribuição se integrarão.

❑ Comunicação: Inclui propaganda, promoções, materiais impressos, website, anúncios em mecanismos de busca e redes sociais, divulgação via relações públicas e assessoria de imprensa, concursos, participação em feiras e eventos, ou seja, uma série de ações que atraiam o cliente, facilitando e estimulando a venda. E a comunicação não deve cessar na venda, pois há também a necessidade de fidelizar o cliente com ações de pós-venda e marketing de relacionamento.

O importante aqui é ter uma visão clara do valor que o marketing mix passa ao cliente, sempre alinhado ao posicionamento e à estratégia definida no plano de negócios.

Plano de ação de marketing

Como parte final do plano de marketing, é importante explicitar todas as ações que serão realizadas para a efetivação do marketing mix. Vale frisar que essas ações devem ser definidas em detalhes, aplicando o conceito de 5W1H, que vimos no capítulo 5, com indicação de seu orçamento e formas de avaliação e controle de sua efetividade.

Plano financeiro

Uma das informações de maior interesse é a clara apresentação do investimento inicial do negócio. Qual o montante de recursos financeiros necessário para que o plano de negócio se mostre viável? E o retorno desse investimento, será compensador?

É fundamental que você demonstre tanto o montante necessário quanto a sua distribuição ao longo do tempo, deixando claro quais serão as fontes de financiamento, seja capital próprio ou investimentos de terceiros. A alocação estimada de recursos está coerente com as ações planejadas nos planos de operação e de marketing? Responda detalhadamente a essas questões, fornecendo ao investidor informações que permitam uma justa avaliação econômica e financeira do empreendimento, com a ponderação de riscos e oportunidades.

Para tanto, as ferramentas tradicionais do planejamento financeiro devem ser usadas. As indispensáveis, que você deverá preparar, são:

❑ o plano de investimento, com a alocação da origem dos recursos e seus usos;
❑ o fluxo de caixa;
❑ o balanço patrimonial e o demonstrativo de resultados (DRE) projetados;

- o cálculo do *break even point,* ou seja, do ponto de equilíbrio;
- o *payback* estimado;
- o *return on investment* estimado (ROI);
- a análise financeira em termos de Valor Presente Líquido (VPL);
- a Taxa Interna de Retorno (TIR); e
- a análise de risco.

O plano de investimentos

Faça um quadro de usos e fontes mostrando com clareza onde você pretende investir e qual a origem dos recursos. Não esqueça que o dinheiro do investidor é o mais caro que você poderá conseguir, pois ele lhe pede seu bem mais precioso, que são as ações de sua empresa. Siga as seguintes regras:

- Faça uma alavancagem operacional no limite. Exercite sua imaginação e sua capacidade de montar modelos de negócios consistentes que diminuam a necessidade de investimentos em ativos permanentes. Se você é uma *start up*, não pense em construir fábricas antes de provar o conceito de seu produto;
- Faça uma alavancagem financeira no limite. No Brasil, hoje, existem linhas de subvenção para pesquisa, desenvolvimento e inovação bastante irrigadas, oferecidas pela Finep, pelas FAPs e pelo BNDES, no programa denominado Fundo Tecnológico (Funtec). Existem também, no BNDES, linhas de financiamentos com juros civilizados, bons prazos de carência e pagamento, especialmente nos programas setoriais;
- Distribua os investimentos no tempo de acordo com a matriz de pontos fortes e fracos. Você terá sempre de analisar uma negociação, ou seja, um *trade off*, entre a antecipação da entrada dos recursos do investidor, com a consequente diluição

de sua participação acionária e a postergação de sua entrada, correndo o risco de uma eventual perda de oportunidade de mercado.

O fluxo de caixa

O fluxo de caixa é a principal ferramenta para planejamento financeiro, pois demonstra como e quando ocorrerão as entradas e saídas de caixa, ou seja, demonstra a movimentação financeira da organização. O modelo do fluxo de caixa é apresentado na tabela 11, a seguir:

Tabela 11

FLUXO DE CAIXA

	Ano zero	Ano 1	Ano 2	Ano x
Lucro após o imposto de renda	20	20	30	40
(+) Depreciação e amortização das despesas pré-operacionais	10	15	20	30
(=) Geração operacional de caixa do período	30	35	50	70
(-) Distribuição de dividendos	5	5	8	10
(-) Investimentos	50	40	20	10
(-) Formação de capital de giro	0	5	10	20
(-) Amortização dos financiamentos	10	10	10	10
(+) Novos financiamentos	10	5	0	0
(+) Novos aportes de investidores	40	20	0	0
(=) Saldo de caixa do período	15	0	2	20
Saldo acumulado de caixa	15	15	17	37

O processo de elaboração de um fluxo de caixa, a partir do lucro líquido do exercício, é o seguinte:

(a) Adicione ao lucro líquido após o imposto de renda, que está na primeira linha da tabela 11, todas as despesas que não são saídas de caixa do período, tais como depreciação e amortização das despesas pré-operacionais. Assim, você encontrará a geração operacional de caixa;

(b) A seguir, considere os movimentos extraoperacionais de caixa, conforme apresentados na mesma tabela 11.

Assim, chegamos ao saldo de caixa do período e ao saldo de caixa acumulado, que são os números mais aguardados. Afinal, são eles que nos dizem se o que planejamos é factível financeiramente e se o plano mostra um bom negócio.

Os números dos orçamentos são muito importantes, pois deles depende a credibilidade do planejamento. Os orçamentos são tão relevantes que o usual é que sejam submetidos à direção, para estudos e posterior aprovação ou modificação.

O balanço patrimonial e o demonstrativo de resultados (DRE) projetados

O balanço patrimonial deve detalhar os ativos, os passivos e o patrimônio líquido da empresa, considerando os impactos do plano de negócios. Mesmo que a empresa ainda não exista, esses números podem e devem ser projetados para o futuro.

Já o Demonstrativo de Resultados, ou DRE, mostra o faturamento da empresa, o custo do produto vendido e todas as demais despesas e o resultado obtido. Também deve ser feito de modo projetivo, mesmo que estimado, uma vez que quantifica os resultados esperados.

O cálculo do ponto de equilíbrio

O ponto de equilíbrio indica a quantidade de produtos e serviços que devem ser vendidos para que a empresa cubra os seus custos totais. Ou seja, no ponto de equilíbrio a empresa paga seus custos sem gerar lucro. No plano de negócios, ter claro este ponto permite dimensionar o esforço comercial necessário para que a empresa se torne lucrativa. E mais do que saber apenas qual é o ponto de equilíbrio, é fundamental você ter claro quando ele será atingido, ou seja, quando o seu negócio vai passar a gerar lucros.

O payback estimado

O *payback* indica qual o tempo necessário para que você recupere o seu investimento inicial. Quanto mais rápido ocorrer o retorno de um investimento, melhor será o negócio. Vale frisar que essa ferramenta não leva em consideração o valor do dinheiro no tempo e, portanto, é pouco utilizada pelos investidores

O Return on investment (ROI)

O ROI permite medir a eficiência da empresa em obter lucros a partir dos ativos investidos. Em princípio, quanto maior o ROI, maior a eficiência, ainda mais se esse ROI for superior ao obtido por empresas similares.

Para se calcular o ROI, usa-se a fórmula Dupont (Gitman, 2002):

ROI = margem líquida x giro dos ativos totais
ou
ROI = (lucro líquido após IR/vendas líquidas) x (vendas líquidas/ativos totais).

A margem líquida determina a lucratividade em relação às vendas geradas e o giro dos ativos totais determina a eficiência no uso dos ativos para gerar vendas. A combinação desses dois índices resulta no ROI, que determina a eficiência global na obtenção de lucros com os ativos disponíveis. Os ativos totais na fórmula Dupont são definidos como o ativo total médio da empresa entre períodos, informação extraída do balanço patrimonial.

A análise financeira em termos de Valor Presente Líquido (VPL)

O Valor Presente Líquido (VPL), ou *Net Present Value* (NPV), é calculado trazendo ao valor atual a soma de todos os fluxos de caixa futuros, descontados a determinada taxa. O VPL positivo pode ser considerado um indicador de que o plano de negócios é viável, ainda mais se a taxa de desconto utilizada considerar a taxa de juros da economia e o custo de oportunidade do dinheiro para a empresa a determinado nível de risco.

Taxa Interna de Retorno (TIR)

A Taxa Interna de Retorno (TIR), ou *Internal Rate of Return* (IRR), é a taxa de juros que, aplicada aos fluxos de caixa futuros, faz seu somatório se igualar ao valor do investimento inicial. Para que o plano de negócios se demonstre viável, espera-se uma TIR maior que a taxa mínima de atratividade da organização.

Análise de risco

Faça uma análise acurada do risco e mostre ao investidor que você tem consciência deles. Se você não o fizer, o investidor o fará, sem discutir com você. Isso poderá resultar em um declinar da oportunidade ou na adoção de uma taxa de risco k que o levará a propor uma alta participação no capital de sua empresa. Não esqueça a taxa de risco k, que é o fator de desconto do fluxo de caixa projetado, portanto, quanto maior ele for, menor será o valor atribuído ao seu empreendimento. Assim, faça sempre simulações de *valuation* de acordo com as diferentes estratégias de administração de risco, conforme o que segue:

(a) Risco operacional – representado por uma estrutura pouco flexível, isto é, construída em uma grande base de custos fixos. Para mitigar, substitua, na medida do possível, custos fixos por variáveis. Isso ajudará a empresa a atingir o ponto de equilíbrio mais cedo e reduzir o risco;

(b) Risco financeiro – representado por uma estrutura muito alavancada por financiamentos. A construção de uma estrutura de financiamento de uma empresa é um permanente exercício de *trade off* entre se financiar por meio de dívida, o que aumenta a rentabilidade do acionista, porém com mais risco, e o aporte de recursos de investidores, o que diminui o risco porém diminui a rentabilidade do acionista que for diluído. Não esqueça que o retorno para o acionista é medido pelo lucro líquido dividido pelo número de ações que ele possui da empresa;

(c) Risco associado à estratégia de penetração de mercado – representado por uma atuação comercial muito agressiva que costuma levar a um ganho de market share e a um consequente aumento de lucro projetado. Implica, porém, o agravamento da necessidade de caixa.

A figura 24 mostra duas curvas de entrada no mercado (curvas S) e seus fluxos de caixa correspondentes (curvas J). Quanto mais agressiva for a curva S maior será a "queima de caixa" expressa pela curva J (*burn rate*). Se você pretende ter uma estratégia agressiva, certifique-se antes de que você conseguirá captar os recursos financeiros necessários para "bancar" os períodos iniciais. Reflita isso em seu fluxo de caixa. Investidores não gostam de ser pegos de surpresa.

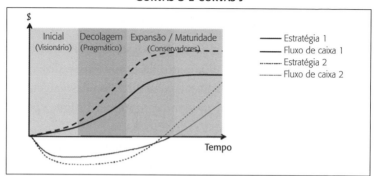

Figura 24
CURVAS S E CURVAS J

(d) Risco associado ao estágio de adoção de uma nova tecnologia – Não se esqueça de que quanto maior o risco percebido na nova tecnologia, maior a taxa de desconto k que o investidor adotará. Isso impactará o *valuation*. Procure formas de mitigação.

Avaliação e controles do plano de negócios

Após a apresentação do planejamento, você deverá acrescentar um tópico sobre a avaliação, feedback e os controles que serão usados para acompanhar o desenvolvimento das ações previstas. Deixe também claro quais pessoas ou áreas da empresa serão responsáveis pela execução e pelo acompanhamento (Armstrong e Kotler, 2007).

Programe ainda datas não muito distantes entre si, mesmo que estimadas, para o monitoramento. Com a alta velocidade das mudanças de mercado, é importante fazer análises e revisões constantes.

Erros frequentes na elaboração do planejamento

❑ Falta de aderência ao plano de negócios. Não esqueça: a essa altura você já está na parte operacional e não dá para inventar mais nada. Essa fase deve ser o planejamento da estratégia e do modelo de negócios, definidos no capítulo 6;

❏ Falha em considerar adequadamente os investimentos nas ações de marketing. Muitos planos avaliam gastar milhões em desenvolvimento de produto e esquecem de considerar investimentos em marketing;

❏ Falta de credibilidade nas premissas estabelecidas;

❏ Falta de interação entre os resultados, os balanços e o fluxo de caixa projetado. Não terceirize a elaboração da parte financeira a um especialista financeiro que não leu o plano e que, portanto, não fará uma relação correta entre as premissas.

Neste capítulo, vimos que, com o detalhamento operacional do planejamento, você elaborará a programação do que precisa ser feito para que o plano de negócios seja implantado.

No planejamento operacional, defina as ações, estruturas, pessoas, tecnologias e fornecedores necessários. No plano de marketing, estabeleça a segmentação de mercado, o posicionamento, o marketing mix e o plano de ações mercadológicas. No planejamento financeiro, use as ferramentas tradicionais: fluxo de caixa, balanço patrimonial, demonstrativo de resultados, cálculo do ponto de equilíbrio, *payback*, ROI, valor presente líquido, taxa interna de retorno e análise de risco.

Estes planos devem ser integrados e coerentes entre si. Com o devido controle e avaliações periódicas, serão os direcionadores para que você e sua equipe assegurem a execução do plano de negócios.

No capítulo 9, a seguir, apresentaremos o caso de uma empresa brasileira, do setor de tecnologia da informação, que percorreu o ciclo completo do investimento, desde a entrada do investidor financeiro até a sua venda para um investidor estratégico.

9

Relato de caso: a trajetória de uma start up de base tecnológica

Para ilustrar os conceitos discutidos nos capítulos anteriores, apresentamos a história de uma empresa de software que iniciou suas atividades em Porto Alegre, no início da década de 1990. É a história de uma pequena empresa, fundada por dois sócios, que conquistou, com persistência e empreendedorismo, o mercado de software para a área médica e hoje faz parte de uma grande empresa do setor.

O caso da empresa Gens[1] é interessante por apresentar o ciclo completo do investimento: os sócios alocaram seus recursos para a formação da empresa na fase de *start up*, depois receberam aporte de um fundo de investimento na fase de decolagem – o que permitiu a implantação de um plano de negócios que visava ao crescimento da participação de mercado e ao lançamento de novos produtos – e, finalmente, venderam a empresa para um investidor estratégico.

---

[1] Agradecemos à empresa Gens, nas pessoas de Nelson Berny Pires e Gerson Gensas, e à equipe da CRP Companhia de Participações, a gentileza de nos permitir divulgar o caso.

A origem da Gens: todo início é difícil

A Gens S/A foi fundada em 1991, originalmente idealizada como uma empresa desenvolvedora de software, sem foco específico, para atendimento a várias áreas de mercado. Como as empresas de informática em geral, a história da Gens está intimamente relacionada com a atuação dos fundadores, dois jovens egressos do curso de bacharelado em informática da Pontifícia Universidade Católica do Rio Grande do Sul (PUCRS).

Nelson Berny Pires formou-se bacharel em informática e atuou no desenvolvimento de software em linguagem *assembler* durante vários anos. Sua experiência profissional teve início na Elevadores Sûr S.A., onde foi responsável por vários projetos de software dos controladores dos elevadores da empresa. Na Gens, foi responsável pelo projeto de desenvolvimento de software para telediagnóstico para a Sûr S/A.

Gerson Gensas também é bacharel em informática, e trabalhou na área de matemática computacional na Universidade Federal do Rio Grande do Sul (UFRGS). Antes da fundação da Gens, desenvolveu um sistema completo de gerenciamento de ambientes comerciais, ficando responsável pela evolução do mesmo na Gens.

Ambos idealizaram e desenvolveram o software Personal Med e suas evoluções. Para tanto, se especializaram em banco de dados relacional e novas linguagens de programação, em especial a Delphi. Mantiveram-se à frente da Gens desde sua fundação, tanto na equipe de desenvolvimento quanto na de administração e vendas.

Antes de se dedicar exclusivamente à área médica, a empresa realizou outras experiências que incluíram o desenvolvimento de sistemas para a área comercial. Iniciou suas atividades com um software para um escritório de representação comercial e, logo após, foi contratada para ser responsável pelo desenvolvimento de um sistema para a Elevadores Sûr S/A. Também comercializou vários sistemas para pequenas empresas e lojas, como o controle de estoques e o controle financeiro, mercado que tinha muitas demandas na época.

O foco na área médica: uma nova proposta de valor

O mercado de informatização comercial não gerou um bom volume de vendas, e a Gens apresentou um crescimento abaixo da expectativa. Os sócios resolveram, então, reavaliar seu projeto, a fim de criar um novo produto para um público que necessitasse e pudesse investir em uma solução tecnológica. Assim, em 1993, a Gens procurou uma nova área em que pudesse focar suas atividades.

Ao relacionar potenciais usuários de informática, perceberam que médicos ficavam horas em seus consultórios anotando informações de seus pacientes, o que lhes chamou a atenção. Analisaram o segmento e constataram que o mercado era muito grande e composto por um público-alvo com poder aquisitivo para investir. Viram que não havia até aquele momento concorrência estabelecida e a área médica despontava como um mercado pouco explorado e sem soluções consagradas.

A experiência adquirida recomendava que o desenvolvimento de um novo produto fosse antecedido por uma pesquisa de mercado, o que não era muito comum entre as empresas de software emergentes na época. A Gens selecionou 40 médicos que foram exaustivamente entrevistados em busca de uma definição do produto que realmente estivesse sintonizado com as necessidades do usuário típico.

A principal característica era que os médicos, ainda que da mesma especialidade, possuíam fichas clínicas e formas de trabalhar distintas. Perceberam também que o sistema precisava ser muito fácil de usar, pois os usuários teriam à sua frente um paciente que exigia muita atenção durante a consulta. Para atender a essas peculiaridades, desenvolveram um software dinâmico, com uma interface fácil e amigável; nasceu assim o Personal Med – Sistema para Informatização de Consultórios Médicos.

A consolidação do produto no paradigma tecnológico vigente

Apesar do mercado promissor, após alguns meses haviam vendido poucas licenças do novo produto, quando resolveram investir em publicidade. Buscaram, para isso, o apoio de uma assessoria de imprensa. Através de um anúncio em um jornal da associação médica e de uma entrevista a um grande jornal da cidade de Porto Alegre, as vendas dispararam para 100 licenças em seis meses. A primeira versão do produto em MS-DOS vendeu, ao todo, 150 cópias. Era uma escala pequena, mas serviu para que a empresa entendesse melhor os desafios do produto, desde a venda até o suporte técnico. Ficava evidente para a Gens que software era um negócio de volume.

Primeira ruptura tecnológica: prontidão estratégica

Em 1994, o ambiente Windows estava consolidado no mercado. Prontamente, a Gens desenvolveu a versão *for Windows* do Personal Med, lançado ainda em 1994. Nos três primeiros dias de comercialização, realizadas durante a exposição do software em um congresso médico, foram vendidas 110 cópias do Personal Med, quase tanto quanto a empresa tinha vendido desde a sua fundação. O canal de distribuição em congressos médicos se mostrou altamente eficaz, tornando prioridade para a Gens a sua participação em eventos dessa natureza por todo o Brasil, o que ocorre até hoje.

Em apenas quatro anos de atuação na área médica a Gens se tornou líder no Brasil nesse segmento. Desde então, a empresa se dedica exclusivamente a esse nicho de mercado. Nos anos seguintes foram realizados aperfeiçoamentos no produto e desenvolvimento da assistência técnica.

Em 1997 e 1998 o software Personal Med recebeu o prêmio Best Product in Show, na Fenasoft, uma das maiores feiras de informática da América Latina, consolidando sua aceitação pelo mercado.

A versão para Windows 98 contemplou 30 especialidades médicas, e em poucos anos esse software dominou o mercado brasileiro de clínicas e consultórios médicos, com uma participação de aproximadamente 50% do mercado nacional. Versões incluindo um sistema de exames específicos foram desenvolvidas para as especialidades de otorrinolaringologia, oftalmologia, ginecologia, pediatria, entre outras, bem como uma versão para clínicas médicas de grande porte. Atualmente, o software Personal Med possui mais de 40 mil usuários.

Identificando oportunidades no mercado corporativo

No início de 1996, a Gens foi contatada pela Volkswagen do Brasil, por meio de um dos seus médicos que já era cliente do Personal Med, para discutir a informatização de seu ambulatório médico. A necessidade de atender a legislação que definia procedimentos e obrigações relacionados ao Programa de Controle Médico de Saúde Ocupacional (PCMSO) gerava um novo nicho de mercado de grande potencial. Mesmo sem experiência nesse ambiente e ainda com uma estrutura pequena diante do desafio, a Gens aproveitou a oportunidade de negócio e desenvolveu o sistema empresarial, em parceria com a Volkswagen.

Durante a feira de informática Fenasoft 96, a Gens realizou muitos contatos para o novo produto, encontrando clientes corporativos de grande porte em busca de soluções semelhantes à da Volkswagen. Desses contatos surgiram relacionamentos com algumas das maiores empresas do país, como Ford, Dataprev, Ipiranga, Coca-Cola, Toyota e Sul América Seguros, entre outras. Começava, assim, a atuação num novo e promissor nicho de mercado.

A Gens foi novamente procurada, dessa vez pelo responsável nacional de medicina ocupacional da Unimed do Brasil, para apresentar a sua solução corporativa. Após a adequação do sistema às necessidades desse cliente potencial, a Unimed do Brasil homologou o sistema empresarial da Gens como padrão para as suas cooperativas regionais, atendendo centenas de empresas em todo o país.

A web como nova ruptura tecnológica: a busca pelo investidor

Em 1999, a Gens percebeu a oportunidade ligada à conectividade e à internet, e sua aplicação no desenvolvimento de uma versão para ambientes médicos de maior porte, como centros clínicos e hospitais. Para financiar essa oportunidade era necessário captar recursos financeiros. Entre captar financiamentos na linha do Prosoft, do BNDES, ou junto ao investidor de risco, a Gens optou pelo segundo. Para tanto, elaborou um plano de negócios e contatou alguns fundos de investimento voltados exclusivamente às empresas de base tecnológica. Nessa rodada, apresentou o plano para um fundo, o RSTec, gerido pela CRP Companhia de Participações, que aprovou o investimento.

A CRP Companhia de Participações foi fundada em 1981 e é uma das pioneiras na gestão de fundos de investimento de *private equity* e *venture capital* no Brasil. Com foco inicial no estado do Rio Grande do Sul, suas atividades se expandiram para os demais estados da região Sul e Sudeste. Ao longo desses anos, a CRP tem realizado investimentos em empresas dos mais diversos setores que se destacam por seu empreendedorismo, sua inovação e seu potencial de crescimento. A CRP conta com o apoio e os recursos de investidores de relevância internacional. Entre eles estão agências de fomento multilaterais, fundos de pensão e grandes empresas brasileiras.

O fundo RSTec é um fundo de capital de risco, criado em 1999, cujos investidores são o Fundo Multilateral de Investimento (Fumin), do Banco Interamericano de Desenvolvimento (BID), investidores nacionais, como o BNDES Participações (BNDESPar), o Sebrae Nacional e o Sebrae RS, e empresários do Rio Grande do Sul, com o objetivo de investir em empresas de tecnologia. Vislumbrava aproveitar o expressivo crescimento no setor de tecnologia de informação, exigindo, porém, que a totalidade dos recursos aportados ficassem dentro da empresa, no modelo *cash in*.

A estratégia do fundo RSTec era o investimento em empresas com alto potencial de retorno, nas quais pudesse atuar como sócio minoritário e sem a participação nas rotinas administrativas, adotando o modelo *hand out*; aceitava, para isso, os riscos do negócio.

Após algumas experiências, o RSTec passou a atuar mais nas empresas investidas, com acompanhamento muito próximo dos resultados, incluindo o estabelecimento de metas em conselho de administração e o poder de substituir gestores de áreas que não atingissem os objetivos acordados, adotando o modelo *hands on*.

O ano 2000 coincide com a chamada "bolha" das "pontocom", quando o valor das ações desse tipo de empresa se reduziu à metade. Apesar dessa mudança de cenário nas empresas de tecnologia, o potencial de crescimento no mercado de sistemas permaneceu, e a CRP aceitou avaliar o plano de negócio da Gens, atualizado no início de 2001. O plano vislumbrava o crescimento da empresa e sua consolidação no mercado; previa também um aumento substancial de clientes do Personal Med, bem como a inserção desse software no mercado de consultórios odontológicos, o atendimento à forte demanda pelo software de gestão de medicina do trabalho gerada por força legal e o desenvolvimento de um novo produto para a gestão de centros clínicos e hospitais, voltado aos aspectos clínicos.

Por que os analistas recomendaram investir na Gens?

Os analistas da CRP entenderam que a empresa era uma oportunidade de negócios interessante para o fundo RSTec, porque:

❑ percebiam a capacidade empreendedora dos sócios, com domínio do desenvolvimento e da produção de sistemas voltados à área da saúde. Além da capacitação técnica, ambos possuíam um forte viés comercial, com ampla visão do negócio, um objetivo claro, com persistência e convicção do sucesso, e, em especial, liderança;

❑ o mercado apresentava expressivo potencial de crescimento nos produtos existentes e nos novos negócios relacionados à internet, além da possibilidade de lançamento de produtos voltados ao mercado corporativo;

❑ a qualidade percebida dos sistemas era um ponto forte da empresa, fruto da experiência adquirida nas rotinas do setor da área médica, aliada a tecnologia inserida nos produtos;

❑ a Gens mantinha constante lançamento de novos produtos e versões, tendo um lançado em 2000 e quatro em fase de lançamento, além da versão 2001 do software principal;

❑ possuía rede comercial estruturada, com 111 técnicos e 50 representantes em todo o Brasil;

❑ a liderança de mercado da Gens a tornou elegível como prioridade de investimentos de grandes *players* do setor, principalmente por sua ampla base de clientes e contratos com empresas de porte nacional. Isso significava uma alternativa atraente para a saída dos investidores.

Além disso, o fato de os sócios apresentarem um plano para suprir as carências nas áreas comercial, com a estruturação do setor, e financeira, com a participação acionária de um especialista na área, transmitiu segurança ao projeto.

Apresentamos, a seguir, o resumo do relatório elaborado pelos analistas da CRP e proposto ao Comitê de Investimentos do Fundo RSTec

Informações da proposta

Empresa:	Gens Sistemas de Informática Ltda.
Localização:	Porto Alegre – RS.
Perfil:	Operacional, 10 anos de atividade, dois sócios, faturamento de R$ 1,3 milhões em 2000.
Mercado:	Softwares para a área médica.
Negócio:	A Gens atua na área de soluções em informática para a área da saúde por meio de uma linha de softwares médicos para gestão clínica de consultórios e de controle corporativo de saúde.
Investimento:	R$ 800 mil a ser aportado pelo RSTec, por ações ordinárias representativas de 20% do capital social da empresa, sujeito a redução para até 12%, de acordo com performance de faturamento e resultado da empresa (*earn out*).
Aplicação dos recursos:	35% investidos no desenvolvimento de novos produtos; 50% investidos em marketing e área comercial; e 15% investidos em infraestrutura.
Diferencial da empresa:	A liderança de mercado em um setor com alto potencial de crescimento.

Continua

Empresa:	Gens Sistemas de Informática Ltda.
Oportunidade:	(i) capacidade empreendedora dos sócios, (ii) liderança de mercado em um setor em crescimento, e (iii) possibilidade de geração de novos negócios por meio da exploração de aplicações de conectividade, relacionadas à internet e mobile.
Tecnologia:	Desenvolvimento de softwares utilizando a linguagem Delphi, considerada a mais versátil por permitir integração com diversos tipos de bancos de dados.
Taxa de retorno estimada:	31,81% ao ano, com base em uma participação estimada em 17% do capital da Gens.
Formas de desinvestimento:	(i) comprador estratégico; (ii) recompra ou resgate.

Fonte: Relatório elaborado pelos analistas da CRP e apresentado ao comitê gestor do fundo RStec.

O fluxo de caixa previsto

As projeções financeiras da Gens, em um cenário provável, contemplaram um horizonte de cinco anos, sendo o ano um correspondente ao período de julho de 2001 a junho de 2002. As projeções foram realizadas com base: (a) no crescimento das vendas da empresa nos anos anteriores, (b) nas projeções de receitas e resultados apresentados pela empresa para o período de maio de 2001 a dezembro de 2002, e (c) na análise do crescimento do mercado nacional de softwares médicos e na estimativa de penetração da Gens em cada segmento. A tabela 12, a seguir, mostra as projeções de resultados e de caixa:

Tabela 12
PROJEÇÃO DO DEMONSTRATIVO DE RESULTADOS
CINCO ANOS (EM R$ 1.000)

	Ano I	Ano II	Ano III	Ano IV	Ano V
Receita bruta projetada	3.984	6.067	7.511	9.732	12.771
(-) Deduções (8,65% da receita bruta)	-345	-525	-650	-842	-1.105

Continua

	Ano I	Ano II	Ano III	Ano IV	Ano V
(=) Receita líquida	3.639	5.542	6.861	8.890	11.666
(-) Custo dos serviços prestados	-395	-529	-715	-878	-1.122
(=) Lucro bruto	3.244	5.013	6.146	8.012	10.544
(-) Despesas operacionais	-3.604	-3.747	-4.855	-5.681	-6.657
(=) Resultado operacional bruto (EBITDA)	-360	1.266	1.291	2.331	3.887
(-) Imposto de renda (30% do RO)		-380	-387	-699	-1.166
(=) Resultado operacional líquido (ROL)	-360	886	904	1.632	2.721
Dividendos pagos aos acionistas (30% do ROL)		266	271	490	816

Fonte: Relatório elaborado pelos analistas da CRP e apresentado ao comitê gestor do fundo RSTec.

Para calcular o valor de saída, ou seja, por que valor a Gens poderia ser vendida a um investidor, adotou-se a metodologia do múltiplo do EBITDA. No caso, a RSTec usou como parâmetro o múltiplo de três, o que conduziu a uma estimativa de valor de venda da empresa de R$ 11.661, no quinto ano.

Cálculo da participação da RSTec no capital da Gens

O RSTec busca uma taxa interna de retorno de aproximadamente 32%, ao ano, para calcular o valor de sua participação nas empresas investidas.

Assim, com base nos resultados apresentados, em um cenário considerado provável, a participação calculada do RSTec, para um aporte de R$ 800 mil no capital da Gens, foi de 17%, conforme a tabela 13, a seguir:

Tabela 13
TAXA INTERNA DE RETORNO DA RSTEC MEDIANTE UMA PARTICIPAÇÃO DE 17%

	Ano I	Ano II	Ano III	Ano IV	Ano V
Dividendos pagos aos acionistas	0	266	271	490	816
Dividendos pagos ao RSTec (17%)	0	45	46	83	139
Valor de saída do RSTec (17%)					1.982
Fluxo de caixa do RSTec	-800	45	46	83	2.121
Taxa interna de retorno	31,80%				

A negociação

O RSTec negociou com os empreendedores uma participação inicial de 20% no capital da empresa, estabelecendo cláusulas de *earn out* que poderiam reduzir esse percentual para até 12%.

Para conquistar essa devolução, a empresa deveria obter um resultado melhor que o apresentado na tabela 13, de forma a preservar a rentabilidade do RSTec em 31,8% ao ano.

A decisão do RSTec e o processo do investimento

O investimento na Gens Informática foi aprovado pelo comitê de investimentos do RSTec em reunião de maio de 2001, demonstrando que o fundo entendeu que a Gens detinha os ativos e competências para avançar no mercado de soluções de informática na área da saúde. A operação envolvia o aporte de R$ 800 mil na empresa, ou *cash in*, por participação de 20% do capital da mesma, valorizando o negócio em R$ 3,2 milhões antes da entrada dos recursos, ou *pre-money*. Esse percentual estaria sujeito à redução para até 12%, no caso de performances de receita e resultado, o que é um exemplo de aplicação da cláusula *earn out*, ou, no caso de novo processo de capitalização, aplicação de cláusula antidiluição dos empreendedores, porém dentro de patamares mínimos de valor e preço predeterminados. O *valuation* foi calculado pelo modelo do fluxo de caixa descontado, considerando as projeções financeiras constantes no plano de negócios. É interessante ressaltar que o valor da empresa estava nas possíveis, e incertas, receitas futuras, ainda que elaboradas com algum otimismo. Os recursos foram disponibilizados para a empresa, na forma de aumento do capital social, não sendo realizado pagamento de valores aos empreendedores, ou *cash out*.

O processo de investimento foi precedido por uma auditoria, ou *due diligence*, com menor rigor, diante do tamanho da operação da Gens à época e do alinhamento da empresa aos princípios de governança, o que facilitou a negociação. Foi elaborado um acordo de acionistas, no qual constavam as principais cláusulas de proteção aos interesses das partes, em especial as condições de performance em cláusula *earn out*, cláusulas de *tag along* e *drag along*, constituição de fundo de resgate e prazo máximo de permanência do fundo na empresa.

A vida com o investidor

Para os sócios da Gens foi um ponto positivo o fundo investidor ter sede em Porto Alegre, mesma cidade da empresa, permitindo um acompanhamento mais próximo. Para a CRP, os empreendedores da área de tecnologia possuem um perfil técnico e, em alguns casos, menor conhecimento em gestão. Assim, as empresas investidas pelo fundo RSTec eram acompanhadas com maior atenção.

A presença do fundo fez a Gens se transformar em uma Sociedade Anônima (S.A.), com constituição de conselho de administração, exigência de realização de auditorias externas anuais e implantação de governança corporativa. Por sugestão da CRP, a auditoria deveria ser realizada por uma das principais empresas atuantes nessa área, no Brasil.

Na condição de sócia, a CRP atuou como verdadeira parceira, apoiando a Gens com transferência de conhecimento na gestão do negócio. Seus executivos participavam constantemente de reuniões com os fundadores, não apenas no conselho de administração. Nesses encontros eram discutidas estratégias comerciais e financeiras, fazia-se indicação de boas práticas de gestão, disponibilizavam-se modelos de relatórios e de sistemas de controles gerenciais, auxiliando na tomada de decisão e condução estratégica da empresa. Atuou também no processo de seleção do gestor para o setor financeiro, porém sem a prerrogativa de indicação de pessoas ao cargo.

Como resultado dessa parceria foi estruturado um modelo de gestão para a empresa, priorizando o controle rígido da execução de metas e cobrança de desempenho, a disseminação do pensamento estratégico da empresa e o equilíbrio entre vendas e desenvolvimento.

A partir da entrada do fundo, houve recursos suficientes para o desenvolvimento do novo software, com investimentos em infraestrutura e contratação de equipe. Após o lançamento do software de gestão para clínicas e hospitais, o faturamento anual da empresa atingiu R$ 6 milhões por ano, cinco vezes superior ao de 2001, quando o fundo aceitou investir na empresa.

Para a CRP, três coisas são consideradas fundamentais na implantação de um plano de negócios: (a) prover a empresa de sistemas de gestão, (b) haver um bom acordo de acionistas e (c) permitir a presença de uma equipe de profissionais qualificados.

(a) Sistemas de gestão: a CRP tem atuado com a transferência de modelos de gestão, reuniões mensais de apresentação de resultados, participação formal no conselho de administração, além de muitas visitas informais às empresas investidas. Mantém cláusula no acordo de acionistas que determina que se a empresa não atingir a meta em dois semestres, no terceiro tem o direito de substituir o gestor da área respectiva.

(b) O acordo de acionistas: estabelece relações entre o fundo e o(s) acionista(s) controlador(es) da empresa, em pontos vitais para uma atuação sinérgica, respeitando direitos e deveres das partes, objetivando uma convivência harmônica e prevendo formas de desinvestimento.

(c) Profissionais qualificados: é uma das áreas que a CRP analisa com o maior cuidado. Quem serão as pessoas que estarão à frente do projeto, quais suas qualificações, que cargos vão ocupar? O perfil de liderança interna é considerado imprescindível, por mais que isso possa representar riscos no caso da saída do líder. Se não houver um líder realizador, o investimento dificilmente será aprovado. Utiliza-se a contratação de consultoria externa para validar esses fatores críticos de sucesso, incluindo perfil psicológico dos gestores e diretores das empresas, antes da efetivação do investimento.

É importante mencionar que os dois empreendedores continuaram seu processo educacional no pós-investimento. Nelson Berny Pires e Gerson Gensas formaram-se mestres em Administração Executiva pela Universidade Federal do Rio Grande do Sul, em 2004 e 2006, respectivamente.

O processo de desinvestimento

Em dezembro de 2007, a Gens vendeu seus produtos e sua carteira de clientes para um comprador estratégico, a Datasul, finalizando a participação do fundo RSTec na empresa, com pagamento em valores. Estabeleceu contratos de franquia de fábrica e distribuição de software, ambos com a Datasul. Dessa forma, a Gens continuou à frente dos seus sistemas e responsável pela evolução dos produtos, como prestadora de serviços. O objetivo da Datasul com a aquisição era a verticalização de sistemas na área de gestão da saúde, e a Gens apresentava aderência a essa estratégia, com conhecimento proprietário de desenvolvimento, produtos reconhecidos pelo mercado e carteira de clientes potenciais, alguns já usuários de produtos ERP, *core business* da Datasul.

Como um dos objetivos principais do fundo RSTec era fomentar a consolidação de suas empresas investidas, principalmente por meio da fusão com algum *player* estratégico, sempre que oportuno ela inicia conversações com empresas do setor visando a esse objetivo. No caso da Gens, as conversações duraram aproximadamente um ano, sendo, nos primeiros seis meses, muito superficiais. Porém, a partir da motivação por parte da CRP, houve uma aproximação e iniciou-se a negociação, comandada pelos gestores do fundo. A fase crítica consumiu dois meses de negociações e *due diligence*.

A expertise da CRP em finanças e investimentos em participações fez a diferença na condução do processo, proporcionando segurança e agregando valor ao negócio, fato percebido pelos sócios fundadores, que contrataram a CRP para novamente participar das negociações com a Totvs, em 2010, para a venda das franquias.

A venda de sua participação na Gens gerou uma receita de R$ 3,77 milhões ao fundo RSTec, o que representou uma multiplicação do capital investido em 4,71 vezes, e uma taxa interna de retorno de 23,44% ao ano. A principal causa da diminuição da TIR efetiva, em relação à projetada quando do aporte, é que a saída do fundo ocorreu após sete anos, embora o previsto fosse de cinco anos.

Assim como quando ocorreu o ingresso do fundo RSTec na empresa, foi estabelecida cláusula de *earn out* na negociação com a Datasul, pois o produto gestão hospitalar apresentava um grande potencial ainda não realizado pela Gens. Constou também do contrato de venda dos ativos que, caso a Datasul fosse vendida em determinado prazo, o que de fato aconteceu logo após, a Gens receberia o valor considerando 100% da performance projetada. Essa cláusula foi relevante para o retorno do investimento ao fundo e aos sócios.

As atividades da Gens como franqueada da Datasul, agora Totvs, foram mantidas até o final de 2010, quando, num processo estratégico de primarização de alguns setores, a Totvs finalizou a aquisição da totalidade das ações da Gens, incorporando os ativos e toda a equipe de desenvolvedores à empresa Totvs S/A.

Os sócios fundadores da Gens permaneceram atuando na área de gestão de serviços de saúde da Totvs S/A até junho de 2011.

A escolha desse caso justifica-se por sua aderência ao exposto ao longo deste livro. A empresa percorreu todas as fases do ciclo de investimento e experimentou a negociação de todas as cláusulas mencionadas no capítulo 4. Para testar se você de fato percebeu essa aderência, vamos colocar algumas questões:

1. Quando a empresa foi fundada e quando entrou o investidor?
2. O que aconteceu nesse intervalo de tempo?
3. A empresa percebeu as rupturas tecnológicas? Quais?
4. Ela conseguiu se apropriar das oportunidades derivadas dessas rupturas? Por meio de que ativos e competências?
5. O que foi a "bolha" das "pontocom" e de que forma ela impactou a Gens?
6. Por que os analistas do RSTec recomendaram investir na empresa?
7. Na decisão do investimento, que fatores foram considerados importantes?

8. Na contratação, estavam presentes as cláusulas normais desse tipo de contrato? Qual foi a mais importante para os investidores e para os empreendedores?

Se você conseguiu responder a estas questões, é sinal de que você leu e entendeu este livro. Esperamos que este aprendizado se torne útil em seu desenvolvimento profissional.

Conclusão

A indústria de capital de risco no Brasil tem suas primeiras ações realizadas na década de 1970, por intermédio do BNDES e da Finep. A partir da estabilização econômica, que se inicia com o Plano Real, essa indústria começou a ganhar impulso, como demonstra o Censo brasileiro de *private equity* e *venture capital*, realizado pela Fundação Getulio Vargas de São Paulo e publicado no site da ABVCAP. Em 1994, havia oito fundos com um pequeno valor de captação. Até o primeiro semestre de 2008, foram abertos outros 24 fundos, que captaram U$ 2,6 bilhões. Toda essa indústria usa como ferramenta para tomada de decisão o plano de negócios.

Se sua empresa pretende captar recursos nesse mercado, é o momento de iniciar a sua elaboração. Não esqueça, no entanto, que os investidores não querem ver "mais do mesmo". Eles buscam empresas com claros diferenciais competitivos, em mercados em crescimento ou que possam ser consolidados, e com uma clara possibilidade de saída, por meio de venda para um investidor estratégico ou, ainda, por oferta pública inicial (IPO). Portanto, aborde essas questões em seu plano.

Além disso, se sua empresa se depara com a necessidade de mudanças em seu posicionamento mercadológico, em sua proposição de valor ou, ainda, em seu modelo de negócios, precisará que o proponente apresente um plano de negócios.

Nessas situações, a empresa deve enfatizar as razões que a levaram a escrever o plano de negócios. Houve uma ruptura externa? De que intensidade? De que natureza: radical ou cumulativa? Ela detém as competências para liderar a revolução? Se não, será possível adquiri-las mudando o modelo de negócios? Ou ainda, existe algum nicho de mercado no qual ela poderá se abrigar e competir por diferenciação, aplicando a estratégia do oceano azul? Quanto ela deverá investir para permanecer competitiva? Qual a taxa de retorno esperada?

Todas essas questões não são triviais, e demandarão de você, leitor, muita pesquisa e muita articulação com os atuais e os futuros parceiros de negócios. O plano deve ser consistente e as fontes de informações irrefutáveis.

O que o investidor vai buscar saber é se você é a melhor opção para ele aplicar os recursos de seus quotistas. Uma informação que pode ajudá-lo a entender a importância do que estamos dizendo é a de que a taxa de conversão da indústria de *venture capital* é de apenas 1%. Isso significa que, de cada 100 planos apresentados, apenas um recebe o investimento. Mas isso não deve desanimá-lo. A maior parte das empresas que receberam investimento foi, na maioria das vezes, recusada pelos investidores em suas primeiras tentativas.

Referências

ABVCAP. *Sobre o setor de venture capital e private equity*. Disponível em <http://www.abvcap.com.br/Download/IndustriaPEVCSobreSetor/21.pdf >. Acesso em: 2 maio 2011.

AFUAH, A. *Strategic Innovation*: New Game Strategies for Competitive Advantage. Nova York: Routledge, 2009.

AMGEN. *2010 Annual Report and 10 – k*. Disponível em <http://investors.amgen.com/phoenix.zhtml?c=61656&p=irol-reportsannual>. Acesso em: 29 jul. 2011.

APPLE. *2010 Annual Report and 10 – k*. Disponível em <http://investor.apple.com/sec.cfm#filings>. Acesso em: 31 jul. 2011.

ARMAZÉM DE DADOS. Disponível em <http://www.armazemdedados.rio.rj.gov.br/>. Acesso em: 9 mar. 2011.

ARMSTRONG, G.; KOTLER, P. *Princípios de marketing*. São Paulo: Pearson Prentice Hall, 2007.

BANCO MUNDIAL. *Evolução da população mundial*. Disponível em <www.worldbank.org/>. Acesso em: 12 mar. 2011.

BAYER. *Annual Report 2010*. Disponível em <http://www.investor.bayer.com/en/reports/annual-reports/ >. Acesso em: 29 jul. 2011.

BIOCON. *Annual Report 2010*. Disponível em <Biocon: http://www.biocon.com/biocon_invrelation_key_over_profit.asp>. Acesso em: 29 jul. 2011.

BNDES. Apoio financeiro. Disponível em: <www.bndes.gov.br >. Acesso em: 10 mar. 2011.

BRASIL. Lei nº 10.303, de 31 de outubro de 2001. Lei das Sociedades por Ações, art. 254-A. Disponível em: <http://www.cvm.gov.br/port/atos/leis/6404.asp>. Acesso em: 6 abr. 2012.

_____. Lei nº 11.196 de 21 de novembro de 2005. Institui o Regime Especial de Tributação para a Plataforma de Exportação de Serviços de Tecnologia da Informação, art. 21 a 24. Disponível em: < http://www.planalto.gov.br/ccivil_03/_ato2004-2006/2005/lei/l11196.htm >. Acesso em: 6 abr. 2012.

_____. Governo do Estado do Rio de Janeiro. Secretaria de Cultura. 44 anos de boa música. Rio de Janeiro, 14 dez. 2010. Disponível em: < http://www.cultura.rj.gov.br/materias/44-anos-de-boa-musica>. Acesso em: 5 abr. 2012.

BYGRAVE, W. D.; TIMMONS, J. A. *Venture capital at the crossroads*. Cambridge, Ma: Harvard Business School Press, 1992.

CANON. *Annual Report 2010*. Disponível em <http://www.canon.com/ir/historical/hist_e.pdf>. Acesso em: 31 jul. 2011.

CHRISTENSEN M. C. *The innovator's dilemma*. Cambridge, Ma: Harvard Business School Press, 1997.

CIPLA. *Annual Report 2010*. Disponível em: <http://www.cipla.com/corporateprofile/financial/audited_consolidated_31march11.htm>Acesso em: 29 jul. 2011.

CPqD. *Smart grid*: a caminho da rede inteligente. Disponível em: <www.cpqd.com.br>. Acesso em: 16 jan. 2011.

CRP. Home page. Disponível em: <www.crp.com.br>. Acesso em: 10 mar. 2011.

DEGEN, R.J. *O empreendedor*. São Paulo: Makron Books, 1989.

DEUTSCHER, G. *Ativos intangíveis*: criação de valor e avaliação. Dissertação (Mestrado em Engenharia de Produção) – COPPE, UFRJ, Rio de Janeiro, 2003.

DEUTSCHER, J.A. Avaliando os capitais intangíveis. *Revista Inteligência Empresarial*, Rio de Janeiro, E-papers, n. 31, p. 6–10, 2007.

_____. Capitais intangíveis: métricas e relatório. Tese (Doutorado em Engenharia de Produção) – COPPE, UFRJ, Rio de Janeiro, 2008.

_____. *Plano de negócios: um guia prático*. Rio de Janeiro: FGV, 2010.

DGF. Home page. Disponível em: <www.dgf.com.br>. Acesso em: 10 mar. 2011.

E-BOOK. *Vendas de e-book para kindle superam as de livro de capa dura*. Disponível em: <http://oglobo.globo.com/economia/mat/2010/07/19/vendas-de-book-para-kindle-superam-as-de-livros-capa-dura-917190098.asp>. Acesso em: 11 jun. 2011.

FINEP. Programa de subvenção econômica. Disponível em: <http://www.finep.gov.br/programas/subvencao_economica.asp>. Acesso em: 20 dez. 2010.

FIR CAPITAL. Home page. Disponível em: <www.fircapital.com.br>. Acesso em: 10 mar. 2011.

FUNDO CRIATEC. Quem somos. Disponível em: <www.fundocriatec.com.br>. Acesso em: 3 jan. 2011.

GARTNER GROUP. Cloud computing. Disponível em: <http://www.gartner.com/it/page.jsp?id=707508>. Acesso em: 3 jan. 2011.

GITMAN, L. J. *Princípios de administração financeira*. São Paulo: Harbra, 2002.

GOOGLE. *Annual Report 2010.* Disponível em: <http://investor.google.com/financial/2010/tables.html>. Acesso em: 31 jul. 2011.

IBGE. *Projeção da população do Brasil por sexo e idade para o período 1980-2050* – revisão 2004. Rio de Janeiro: IBGE, 2004. Disponível em: <http://www.ibge.gov.br/home/estatistica/populacao/projecao_da_populacao/metodologia.pdf>. Acesso em: 22 abr. 2011.

_____. *Projeção demográfica do Brasil entre os períodos de 2010 e 2050.* Disponível em: <http://www.ibge.gov.br/home/estatistica/populacao/projecao_da_populacao/2008/piramide/piramide.shtm>. Acesso em: 8 maio 2011.

JOHNSON & JOHNSON. *Annual Report 2010.* Disponível em: <http://files.shareholder.com/downloads/JNJ/1330097085x0x201810/abca6e90-44a0-42af-bf4b-2210f3621857/HistoricalReview.pdf p.8>. Acesso em: 31 jul. 2011.

JOYCE, P. *Strategic management for public services.* Buckingham, UK: Open University Press, 1999.

KAHNEY, L. *A cabeça de Steve Jobs.* Rio de Janeiro: Agir, 2008.

KIM, W.C.; MAUBORGNE, R. *Blue Ocean Strategy.* Boston, Ma: Harvard Business School Press, 2005.

KODAK. *Fundamentals – Annual Income Statement.* Disponível em <http://phx.corporate-ir.net/phoenix.zhtml?c=115911&p=irol-fundIncomeA>. Acesso em: 20 jul. 2011.

KOTLER, P.; KELLER, K. *Administração de marketing.* São Paulo: Pearson Prentice Hall, 2006.

LEV, B. *Intangibles: management, measurement, and reporting.* Washington, D.C.: Brookings Institution Press, 2001.

LIVRO DIGITAL. *Editoras se unem e criam distribuidora de livros digitais.* Disponível em <http://economia.estadao.com.br/noticias/negocios+tecnologia,editoras-se-unem-e-criam distribuidora-de-livros-digitais,21254,0.htm>. Acesso em: 11 jun. 2011.

MONSANTO ADQUIRE A CANAVIALLIS. Disponível em: <http://www.inovacao.unicamp.br/report/noticias/index.php?cod=439>. Acesso em: 2 jan. 2012

MDV. Gordon Murray Design. Disponível em < www.mdv.com/our-companies/gordon-murray-design >. Acesso em: 6 abr. 2011.

MEDEIROS, Carolina. *Smart grid*: otimização com eficiência energética. s.l.: Procel Info, 2010. Disponível em: < http://www.procelinfo.com.br/data/Pages/LUMIS8D1AC2E8ITEMID5834 930F6E864047BB 9953F6E8F56C1DPTBRIE.htm>. Acesso em: 5 abr. 2012.

MICROSOFT. *Selected Financial Highlights*. Disponível em: <http://www.microsoft.com/investor/reports/ar10/10k_fh_fin.html>. Acesso em: 20 jul. 2011.

MODERN SOUND. Entrevista com Pedro Passos. Disponível em: <http://www.cultura.rj.gov.br/materias/44-anos-de-boa-musica>. Acesso em: 7 jan. 2012.

MOORE, G. *Dentro do furacão*. São Paulo: Futura, 1996.

NASDAQ. Home page. Disponível em: <http://www.nasdaq.com/>. Acesso em: 7 maio 2011

NASVF. About us. Disponível em: <www.nasvf.org>. Acesso em: 4 abr. 2011.

NOVARTIS. *Annual Report 2010*. Disponível em: <http://www.novartis.com/investors/financial-results/annual-results.shtml>. Acesso em: 29 jul. 2011.

NVCA. Historical Trend Data. Disponível em: <www.pwcmoneytreee.com>. Acesso em: 16 jan. 2011.

NYSE. Home page. Disponível em: <http://www.nyse.com/>. Acesso em: 5 maio 2011.

O FIM DA MODERN SOUND. Disponível em: <http://oglobo.globo.com/rio/ancelmo/posts/2010/12/13/o-fim-da-modern-sound-349059.asp>. Acesso em: 11 jun. 2011

PAVANI, C.; DEUTSCHER, J. A.; MAIA E LOPEZ, S. *Plano de negócios*. Rio de Janeiro: Lexikon, 1997.

PENROSE, E. *The Theory of the Growth of the Firm*. Londres: Basil Blackwell, 1959.

PFIZER. *Annual Report 2010*. Disponível em: <http://www.pfizer. com/files/annualreport/2010/financial/financial2010.pdf>. Acesso em: 29 jul. 2011.

PRICE WATERHOUSE COOPERS (PWC). Moving Ahead. S.n.t. Disponível em <http://www.pwc.se/sv_SE/se/teknologi/assets/moneytree-moving-ahead.pdf>. Acesso em: 28 de maio 2012.

PORTER, M. E. *Estratégia competitiva*. Rio de Janeiro: Campus, 1986.

_____. *Vantagem competitiva*. Rio de Janeiro: Campus, 1989.

_____. *Competição*. Rio de Janeiro: Campus, 1999.

_____. What is strategy? *Harvard Business Review*, Cambridge, Ma, nov./dec.; 1996.

PROCEL INFO. *Eficiência energética*. Disponível em: <www.procelinfo. com.br>. Acesso em: 16 jan. 2011.

RAPPA, M. Business model on the web. In: NORTH CAROLINA STATE UNIVERSITY. *Open Courseware Lab*. Raleigh: North Carolina State University, 1999. Disponível em <www.digitalenterprise.org/models/models.html>. Acesso em: 5 maio de 2011.

ROCHE. Annual Report 2010. Disponível em: <http://www.roche. com/about_roche/at_a_glance/key_facts_and_figures.htm>. Acesso em: 29 jul. 2011.

SADIA S.A. Visão e missão. s.n.t. Disponível em: <http://ri.sadia.com. br/static/ptb/valores.asp?language=ptb>. Acesso em: 7 maio 2011.

SAHLMAN, W.A. How to write a great business plan. *Harvard Business Review*, Cambridge, Ma, jul./aug. 1997.

SAXENIAN, A. *Regional advantage culture and competition in Silicon Valley and Route 128*. Cambridge, Ma: Harvard University Press, 1998.

SILVA, HADAD. H. et al. *Planejamento estratégico de marketing*. Rio de Janeiro: FGV, 2008.

SUNPHARMA. *Annual Report 2010*. Disponível em: <http://www.sunpharma.com/images/annual/200910%20 Consolidated%20Financial%20Statements.pdf >. Acesso em: 29 jul. 2011.

TEECE, D. J. *Profiting from technological innovation*. Berkeley, CA.: School of Business Administration University of California. Disponível em <http://www.mbs.edu/home/jgans/tech/Teece -1986.pdf>. Acesso em: maio 2011. (Research Police 15, junho de 1986.)

THE MONEY TREE REPORT. Disponível em: <www.pwcmoneytree.com>. Acesso em: 12 mar. 2011.

URDAN, F. T.; URDAN, A. T. *Gestão do composto de marketing*. São Paulo: Atlas, 2006.

VALE S.A. Nossas crenças. s.n.t. Disponível em: < http://www.vale.com/pt-br/conheca-a-vale/nossas-crencas/paginas/default.aspx>. Acesso em: 7 maio 2011.

WOCKHARDT. *Annual Report 2010*. Disponível em: <http://www.wockhardt.com/Pdf/investor/quarter/WOCKHARDT2010-11CON-SOLRESULTS_Quarter4_2010.pdf >. Acesso em 29 jul. 2011.

XEROX. *Annual Report 2010*. Disponível em: <http://news.xerox.com/pr/xerox/document/3-yr_financial_snapshot_2010.pdf>. Acesso em: 31 jul. 2011.

Glossário

Ativos tangíveis – bens com substância física, tais como máquinas, prédios, entre outros.

Ativos intangíveis – bens incorpóreos, como, por exemplo, processos, marcas, carteira de clientes, entre outros.

Competências – é o conjunto de Conhecimentos, Habilidades e Atitudes (CHA) que leva a empresa a almejar uma posição única no mercado. Base de conhecimento que gera e sustenta os ativos intangíveis.

Demandas – desejos explícitos ou ocultos de uma pessoa, de um segmento ou da sociedade.

Desconstrução da cadeia de valor – resultante de uma ruptura tecnológica, poderá destruir a cadeia de valor atual.

Diferencial competitivo – algum ativo ou competência detido pela empresa, relevante para enfrentar a concorrência, difícil de ser imitado ou substituído.

Incumbents – empresas maduras detentoras de expressivas participações no mercado atual.

Inovação radical – quando novos produtos ou serviços são construídos sobre uma nova base de conhecimento, destruindo o valor dos produtos atuais e das empresas que não conseguirem migrar para o novo paradigma tecnológico.

Inovação incremental – construída sobre uma base de conhecimento existente, melhora o desempenho dos produtos, não descontinuando, no entanto, a cadeia de valor atual.

Modelo de negócios – forma pela qual a receita é repartida em uma rede de parceiros que se organiza para prestar um serviço.

Mudanças cumulativas – lentas alterações no ambiente externo que acabam por modificar o paradigma vigente, como, por exemplo, o aumento da expectativa de vida da população.

Proposição de valor – conjunto de atributos do produto ou serviço que os clientes reconhecem como importantes e estão dispostos a pagar por eles.

Recursos – ativos tangíveis, intangíveis e competências de uma organização.

Regime de apropriabilidade – como a tecnologia pode ser protegida de imitação, permitindo ao empreendedor inovador coletar os lucros de sua inovação.

Rupturas tecnológicas – descontinuidade tecnológica, baseada em novos conhecimentos que tornam sem valor os conhecimentos existentes. Nesse sentido, diz-se que ela destrói competências e ativos, podendo eliminar empresas ou desconstruir cadeias produtivas.

Start ups **de base tecnológica** – empresas iniciantes, em geral oriundas de um centro de pesquisa, que se organizam para explorar um novo conhecimento tecnológico.

Os autores

José Arnaldo Deutscher

Doutor em Gestão da Inovação pela Coppe/UFRJ, com pós-graduação em Finanças Corporativas pela Fundação Getulio Vargas (FGV). Graduado em Economia pelo Instituto de Economia da UFRJ. É professor convidado dos cursos de educação continuada (MBA) da Fundação Getulio Vargas, ministrando a cadeira Plano de Negócios, desde 1997.

Guilherme Soares Bastos

Mestre em Gestão Executiva pela Fundação Getulio Vargas – FGV. Graduado em Economia pelo Instituto de Economia da UFRJ. É professor convidado do FGV Management em cursos ligados à Economia Criativa desde 2009.

Helton Haddad Silva

Doutor e mestre em Administração de Empresas pela Eaesp/FGV, com pós-graduação em Marketing pela ESPM e especialização em Advanced Marketing pela State University of New York. Graduado em Administração de Empresas pela Eaesp/FGV. Atua academicamente desde 1992. Professor da FGV desde 1995.

Marco Antonio Cunha

Mestre em Gestão Empresarial pela Fundação Getulio Vargas. Graduado em Farmácia pela Universidade Federal de Ponta Grossa. Doutorando em Administração na Universidade Federal de Possadas, Argentina. Professor convidado do FGV Management.